„Dem Leben Richtung geben" ist ein Lieblingsbuch von Heiko Bräuning. Dass er jetzt seinem Leben Richtung gibt durch eine fiktive Deadline ist zwar etwas makABER – aber: Es geht im Leben letzten Endes eben wirklich darum, richtige und wichtige Entscheidungen zu treffen, und nicht immer wieder aufzuschieben. Sein Deadline-Experiment ist eine anspruchsvolle, aber wirkungsvolle Methode! Das Buch geht definitiv jeden an und wird jeden zum Handeln inspirieren!

Prof. Dr. Jörg Knoblauch, Inhaber Tempus-consulting,
Bestseller-Autor u.a. von „Dem Leben Richtung geben" und Keynote-Speaker

Gott bestimmt Anfang und Ende. Da schon in der Bibel der Hinweis steht, dass wir unser Ende bedenken sollen, sind Heikos Gedankengänge nicht nur skurril, sondern aufrüttelnd, beruhigend und vor allem hilfreich fürs Leben.

Samuel Koch

Ich habe das Buch verschlungen wie selten eines in meinem Leben. Anfangs skeptisch, aber mit jeder Seite kam die Überzeugung auf, dass ich das auch versuchen werde. Sofort! Eine so geniale Idee, seinem Leben eine Deadline zu setzen, befreit ungemein und erleichtert den Alltag ab der erste Seite. Jeder sollte ... ach was, muss dieses Buch gelesen haben. Es bringt Entspannung in allen Lebensbereichen und ich frage mich, warum es diese Idee und das Buch bisher noch nicht gab. Packend und praxisnah bis zur letzten Seite. Ich bin begeistert.

Josef Müller, Autor und Sprecher (Ziemlich bester Schurke)

Ein fantastisches Buch, das berührt, nachdenklich macht und herausfordert, sich mit der Gewissheit des eigenen Sterbens auseinanderzusetzen. Eine Inspiration, jeden Tag als Geschenk zu sehen. Danke für diese persönliche und authentische Liebeserklärung an das Leben.

Schwester Teresa Zukic

Heiko Bräuning hat ein bemerkenswertes Experiment mit sich durchgeführt und lässt uns Leser auf lebendige, sympathische Weise daran teilhaben, voller herrlicher Geschichten und Einfälle, mit viel Herz und Seele. Es ist aufregend mitzuerleben, wie sich die diffuse Angst vor dem Tod verändert, wenn man ihr tief in die Augen schaut. Ein spannendes tête-à-tête mit dem eigenen christlichen Glauben. Ich hoffe, es ist kein spoiler, wenn ich verrate, dass Heiko seinen Todestag überlebt hat. Damit hat er sogar die Auferstehung bereits hinter sich. Lassen Sie sich von seinen Erlebnissen mitreißen und trösten. Unbedingt lesen!

Tiki Küstenmacher

Dieses Buch kann dein Leben verändern und dir völlig neue Erfahrungen, Einsichten und Veränderungen schenken. Endlich richtig zu priorisieren: Was ist angesichts der verbleibenden Zeit noch zu tun, ohne es später zu bereuen, nicht getan zu haben? Es geht darum, anvertraute **Zeit als Geschenk** zu sehen und sinnvoll zu nutzen.

Prof. Dr. Lothar Seiwert, CSP, CSPGlobal,
Keynote-Speaker und Bestsellerautor „Simplify your Life"
und „Simplify your Time", www.Lothar-Seiwert.de

Wüssten wir unser eigenes Todesdatum, selbst wenn es in weiter Ferne wäre, ich denke, wir würden unser Leben augenblicklich mehr in die richtige Richtung lenken. Ja, selbst beim Lesen der ersten Seiten wurde ich nachdenklich und sie berührten mich sehr, genauer gesagt rüttelte Gott mächtig an meinem Herzen. Ich fühlte mich ertappt, dass so manches in meinem Leben nicht in Ordnung ist. Ich finde es mutig, dass Heiko vier Jahre mit seinem fiktiven Todesdatum lebte. Nicht nur ihn veränderte es, sondern nun auch mich, und viele andere, die diese kostbaren Zeilen lesen werden, da bin ich mir sicher. Was bleibt nun in den letzten Atemzügen?

Die Sehnsucht nach Liebe, nach Versöhnung, und letztendlich die Hoffnung auf ewiges Leben und den Frieden, den diese Welt nicht geben konnte. Wenn dies alles auf den letzten Metern so wichtig ist, dann sollten wir schon heute damit anfangen. Einander in Liebe zu begegnen und sie auch wieder klar aussprechen. Versöhnt miteinander zu leben, dass wir vergeben und auch um Vergebung bitten können, und dass wir heute schon anfangen, auf Gott zu vertrauen ..., denn heute ist der erste Tag vom Rest deines Lebens.

Michael Stahl

Heiko Bräuning hat die Bibelstelle „Herr, lehre mich bedenken, dass ich sterben werde, damit ich klug werde!" am eigenen Beispiel großartig verdeutlicht. Mich hat sein neues Buch „Mein Deadline-Experiment" sofort angesprochen. Was für ein Gedanke ..."

Norman Rentrop

Heiko Bräuning

Mein Deadline-Experiment

Vom fiktiven Sterben zum glücklicheren Leben

cap-books

Bestell-Nr.: 52 50503
ISBN 978-3-86773-283-3

Alle Rechte vorbehalten
© & ℗ 2017 cap-books
Oberer Garten 8
D-72221 Haiterbach-Beihingen
07456-9393-0
info@cap-music.de
www.cap-music.de

Lektorat: Ute Mayer
Umschlaggestaltung: Olaf Johannson, spoon design

Bibelzitate aus:
Lutherbibel, revidierter Text 1984, durchgesehene Ausgabe,
© 1999 Deutsche Bibelgesellschaft, Stuttgart.

Lutherbibel, revidiert 2017, © 2016 Deutsche Bibelgesellschaft, Stuttgart.

Gute Nachricht Bibel, revidierte Fassung, durchgesehene Ausgabe,
© 2000 Deutsche Bibelgesellschaft, Stuttgart.

Bibeltext der Neuen Genfer Übersetzung - Neues Testament und Psalmen.
Copyright © 2011 Genfer Bibelgesellschaft.
Wiedergegeben mit freundlicher Genehmigung. Alle Rechte vorbehalten.

Bibeltext der Schlachter. Copyright © 2000. Genfer Bibelgesellschaft.
Wiedergegeben mit freundlicher Genehmigung. Alle Rechte vorbehalten.

Kontakt für Konzerte, Lesungen und Vorträge: post@deadline-experiment.de

Inhaltsverzeichnis

Statt Vorwort – ein Nachruf: Die Todesanzeige 9

Wohlauf, wohlan, zum letzten Gang 13

Ein verhängnisvoller Entschluss 17

Eine folgenreiche Predigt 20

Die ersten Tage vom Rest des Lebens 26

Der Damokles-Effekt 31

Das Leben fühlt sich anders an 38

Der Rest des Lebens 41

Entscheidungen treffen! 43

Alles nur Bluff? 49

Die Angst im Kopf: Selbsterfüllende Prophezeiung 53

Halbzeit(bilanz) 60

Großes Kino: Der Lebensfilm! 62

Warum der Lebensfilm zur Deadline gehört 69

Jetzt sind Sie dran! 73

Schneller als erwartet! 75

Tabuzonen einer Deadline 87

Letzte Dinge klären 90

Deadline – Wendepunkt 97

Hurra, ich lebe noch! 101

Montag, der 18. 04. 2016 – Tag zwei nach der Deadline 104

Die neue Zeit: Alles auf Null! 108

Das neue Denken, ein anderes Leben 110

Genießen 115

Dankbarkeit 125

Konzentration 132

Zur Mitte finden 139

Loslassen... 146

Bleibt alles beim Alten? 155

Eine kurze Selbstanleitung 160

Statt Vorwort – ein Nachruf: Die Todesanzeige

Zugegeben: Es war „nur" ein Experiment! Mir einen fiktiven Todestag zu setzen: 16. April 2016. Bis dahin waren es zum Zeitpunkt des Entschlusses noch vier Jahre. Ich hatte keine Ahnung, welche weitreichenden Konsequenzen so ein Termin mit sich bringt. Vier Jahre: Die Zeit war zu kurz, um sie mit Nebensächlichem und Lästigem zu verbringen. Was aber ist mir denn wirklich wichtig in Anbetracht der noch verbleibenden Zeit? Es hat geklappt, endlich neue Prioritäten zu setzen und wichtige Entscheidungen fällen. Und wer seine Deadline überlebt, wie ich, der hat plötzlich ein Mehr an Zeit. Mit geschenkter Zeit lebt es sich auch völlig anders!

Die vier Jahre bis zur Deadline waren wie ein spannender Countdown, der tiefgreifende Veränderungen mit sich brachte. Endlich war es möglich, aus freiem Willen heraus ersehnte Entscheidungen zu treffen, festgefahrene Strukturen zu verändern, einengende Systeme zu verlassen und das Leben neu zu gestalten.

Eines war nicht möglich: Den fiktiven Todestag einfach zu vergessen, aus dem Gedächtnis zu streichen und zu verdrängen. Dazu hatte er sich viel zu fest mitten im Leben breit gemacht!

Mein fiktiver Todestag am 16.04.2016 war ein Samstag. Am Sonntag, den 17.04.2016 erscheint keine Zeitung. Vermutlich wäre also am Montag, den 18.04.2016, in der Zeitung zu lesen gewesen:

Nichts geht mir bei meiner eigenen Deadline so nahe, wie die eigene Todesanzeige. Weil sie zeigt, was bleibt: 10 auf 6 Zentimeter. Etwas 300 Euro an die Anzeigenabteilung der Zeitung. Für viele von uns ist es das einzige Mal, dass sie in der Zeitung erwähnt werden. Die Anzeige geht unter die Haut, weil sie zeigt, was war: 07. 11. 1969 bis 16. 04. 2016. Weil sie zeigt, was über allem steht: ein Bibelvers, eine Zusage. Eine Vertröstung? Aber vor allem: Diese Anzeige zeigt, *wer* bleibt. Meine Frau, meine Kinder, meine Eltern. Meine Verwandtschaft, meine Freunde. Ihre Namen zu lesen – das treibt die Tränen in die Augen. Vor allem bei den Kindernamen. Plötzlich und unerwartet, ganz unverhofft ist er von uns gegangen. Wie aus dem Nichts ein großes Erdbeben für die, die namentlich erwähnt sind. Etwas, das doch alltäglich passiert.

Wenn die Anzeige erscheint, ist es zu spät, am Leben noch etwas zu verändern. Deshalb der Entschluss: Bevor es zu spät ist, will ich etwas verändern! Damit noch Zeit bleibt!

Mein eigener Todestag, meine eigene Todesanzeige. Fiktiv, aber für mich ein Volltreffer. Und sie war auch nur für mich gedacht. Ich habe sie weder meiner Frau, noch meinen Kindern gezeigt. Denn ich wollte nicht perfekt sterben, ich wollte vorher erst einmal gut, glücklich und zufrieden leben!

In diesem Buch geht es also nicht um eine perfekte Sterbevorbereitung, sondern um eine gute Lebenseinstellung. Und das man dazu durchdringt – trotz vieler gut gemeinter Lebensweisheiten und Ratschläge – das ist die Aufgabe der Deadline! Letzten Endes geht es um das

„klug werden", wie es in Psalm 90,12 heißt: „Lehre uns bedenken, dass wir sterben müssen, auf dass wir klug werden."

In der griechischen Hauptstadt Athen lebte in alter Zeit ein Weiser namens Diogenes. Dieser errichtete eines Tages auf dem Marktplatz eine Krämerbude und ließ über derselben mit großen Buchstaben die Worte schreiben: „Hier ist Weisheit zu verkaufen."

Ein vornehmer Herr, der gerade vorüberging, staunte über das sonderbare Geschäftsschild und sprach mit höhnischem Lachen zu seinem Diener: „Geh hin zu dem Prahlhans und frage, wie viel Weisheit er für drei Sesterzen verkaufe!"

Diogenes ließ sich das Geld vom Diener geben und sprach: „Sage deinem Herrn: In allem, was du tust, bedenke das Ende!"

Dieser Weisheitsspruch gefiel dem vornehmen Herrn so gut, dass er ihn mit goldenen Buchstaben über der Tür seines Hauses anbringen ließ.

Um diese Weisheit, um dieses Klugwerden geht es in der Deadline letztens: In allem, was du tust, bedenke das *Ende*!

Wohlauf, wohlan, zum letzten Gang

Jeder hat ihn schon gehört, diesen markanten Satz des Pfarrers am Abschluss einer Trauerfeier, einer Beerdigung: „Wohlauf, wohlan, zum letzten Gang." Es ist der Übergang von der Trauerfeier für den Verstorbenen zum sogenannten „letzten Geleit", den Gang zum Friedhof oder zur Grabstätte, wo dann der Sarg oder die Urne in der Erde versenkt wird. Dann darf jeder noch ein bisschen „Asche zu Asche, Staub zum Staub" auf den Hinabgelassenen werfen, ein kurzes Gebet oder einen Gruß sprechen, und der letzte Gang ist beendet. Das Grab wird geschlossen. Für die Hinterbliebenen beginnt der Weg mit der Lücke, der Erinnerung, der Trauer. Als Pfarrer habe ich diesen Satz schon unzählbare Male gesprochen. Und wenn ich ehrlich bin: Er hatte keine Auswirkungen auf mein eigenes Leben. Leider.

Wie oft habe ich schon Sätze gehört wie: „Genieße das Leben, denn morgen bist du tot." Oder: „Carpe diem." – Nütze den Tag, denn wer weiß, was kommt. Wie oft habe ich mir schon überlegt, einen „Masterplan" für mein Leben aufzustellen, um mir klar zu werden: über die Ziele, die ich noch habe; über die Dinge, die ich noch tun möchte; über die Dinge, die für mich wirklich wichtig und wesentlich sind. Ich habe auch den guten Rat eines Freundes beherzigt: Formuliere deine eigene Beerdigungspredigt. Was soll der Pfarrer über dich sagen? Was soll im Nachruf deiner Freunde gesagt werden? Was steht auf dem Grabstein? Recht und gut, aber: Es hat irgendwie nicht gefruchtet, man lebt trotzdem so dahin. Ohne Gespür für die Zeit. Man nimmt die Tage, wie sie kommen. Planlos, ziellos, orientierungslos.

Irgendjemand hat es einem in den Kopf und ins Herz gesetzt: Das Leben geht weiter. Immer weiter. Bei jedem Schicksalsschlag hört man es. Kopf hoch, es wird alles gut. Lass dich nicht unterkriegen. Das Leben geht weiter! So, als ob es nie aufhören würde. Wie oft habe ich in Predigten oder Ansprachen über das Bibelwort gepredigt (Psalm 90,12): „Lehre uns bedenken, dass wir sterben müssen ..." – dass es ein Ende mit uns haben wird. Es waren ergreifende Reden! Aber ins Herz sind sie nie gerutscht.

Was, wenn wir wirklich lernen würden, dass das Leben nicht ewig ist, dass für mein Tun und Lassen nur begrenzte Zeit zur Verfügung steht? Müsste das nicht zu viel mehr Lebensqualität führen, wenn ich lerne, jeden Tag als Geschenk zu sehen, jeden Tag sinnvoll zu nützen? Mich nicht mit Lappalien, Nebensächlichem zu beschäftigen, mich davon aufhalten zu lassen? Wenn ich nur endlich begreifen würde, wenn ich es spüren könnte, was Nebensächliches ist und wie nebensächlich es wirklich ist! Was ist mir auf der anderen Seite aber wirklich wichtig? Und wie kann ich es endlich umsetzen?

Ich würde etwas benötigen, das nicht nur ein flüchtiger Gedanke ist, wieder in Vergessenheit gerät und die Tage nichtig werden lässt. Es müsste etwas sein, das mein Leben von jetzt auf gleich neu ausrichtet. Mir die Kraft schenkt, um mich neu zu orientieren. Prioritäten neu zu setzen. Ich habe es satt, mich in Belanglosigkeiten zu verlieren. Schluss mit der Langweiligkeit, der Normalität, des „Alltäglichen". Schluss mit der ganz normalen Routine!

Der Alltag mit seinen Herausforderungen kann krank und mürbe machen: Der Ehestreit nimmt kein Ende. Die berufliche Situation ist unerträglich. Das langweilige Einerlei ist nicht auszuhalten. Die Träume und Visionen sind verflogen, sind schon begraben. Der Friedhof, auf dem ich meine Vorsätze, Ziele und Ideale begraben habe, hat fast keinen Platz mehr. Wieviel Tode bin ich schon gestorben – und es hat sich nichts geändert!

Wie viele Chancen sind vertan, das Leben wirklich zu verändern! Und damit aufzublühen. Rauszukommen aus dem Gewöhnlichen, Banalen, Althergebrachten, Belanglosen, Eingerostetsein, aus allem Abgedroschenen, Abgenutzten, Primitiven, Mittelmäßigen, Unbedeutenden. Wie kommt man zum Wesentlichen, zum Sinnvollen, zum Erlesenen, zum Fantastischen, zum Außergewöhnlichen, zum Stilvollen, zum Ungewöhnlichen? Wie komme ich zu dem, was mich ausmacht, was ich will, was ich bin? Ich habe mir lange überlegt: Was könnte die wirkliche „Initialzündung" sein, dass ich das

Leben neu leben kann und sich damit auch neue Lebensqualität einstellt?

Die Initialzündung kam – wie aus heiterem Himmel. Ich hatte eine Predigt vorzubereiten für unseren wöchentlichen Fernsehgottesdienst *Stunde des Höchsten*. Es war im August 2012. Ich musste die Folgen für den Herbst vorbereiten, auch für den sogenannten Volkstrauertag und den Totensonntag, den Ewigkeitssonntag. Wieder schwebte mir der Bibeltext aus Psalm 90,12 vor: „Lehre uns bedenken, dass wir sterben müssen." Das könnte doch heißen, ich setze mir ein fiktives Sterbedatum. Eine Deadline. Ein Verfallsdatum. Gesagt, getan. Ohne zu ahnen, welch rasanten Verlauf dieses Vorgehen nehmen würde!

Mein letzter Gang war meine fiktive Deadline. Allerdings mitten im Leben. Wenn ich es überlebe, bleibt mir noch Zeit!

Ein verhängnisvoller Entschluss

So ein Käse! Das Verfallsdatum des wunderbaren Edamers im Kühlschrank ist siebzehn Wochen über die Zeit. Er war hinter die Leberwurst, den Schinken und die Joghurts gerutscht und in Vergessenheit geraten! Jetzt ist es nicht mehr verzehrbar. Ungenießbar. Und das Brot im Brotfach hat sogar schon Schimmel angesetzt. Ekelhaft. Weg damit. Wer das Verfallsdatum nicht beachtet, hat etwas falsch gemacht. Und das Lebensmittel wird zum Wegwerfprodukt.

Ich habe lange Zeit mein eigenes Verfallsdatum nicht beachtet. Und deshalb etwas falsch gemacht. Würde ich achtsam sein, wissend um eine Deadline, hätte ich vorher und bis dahin einiges anders gemacht. Gegenüber meiner Radioredaktion hat es ja bisher immer geklappt: Die Deadline zur Abgabe dieser oder jener Sendung ist der Tag xy. Auf die Minute genau muss die Sendung spätestens beim Sender sein.

Deadline! Danach geht nichts mehr. Bei Verspätung handelt man sich nur Ärger ein. Mehrmaliges Überschreiten der Deadline zieht folgenreiche Konsequenzen nach sich. Unzuverlässigkeit gilt als Grund zum Beendigen der Zusammenarbeit. Starker Tobak. Aber so ist die Realität.

Eine Deadline bestimmt mein Handeln, meinen Alltag. Lässt mich klare Prioritäten setzen. Hilft mir, alles auf diesen Termin hin zu planen. Da gibt es dann nichts Wichtigeres, als dieses Datum einzuhalten. Und dabei nicht von der „Linie" abzuweichen. O weh – wie oft habe ich mir schon Ziele in meinem Leben gesetzt – ohne Deadline. Und wie oft bin ich von der Linie abgewichen, habe mich dabei verloren – und das Ziel aus den Augen. Wie oft musste ich dieses Ziel dann aufgeben und sogar begraben! Der Friedhof meiner Ziele ist immens!

Also habe ich mir im August 2012 – mitten im sonnendurchfluteten Büro – ein Verfallsdatum gesetzt, eine Deadline: 16. 04. 2016! Konkret hieß das: Am 16. 04. 2016 ist mein Todestag. Keine Ahnung, ob auch schon die Beerdigung stattfindet. Egal. Jedenfalls hört hier meine Lebenszeit auf. Zu früh sollte es nicht sein. Ich brauche ja noch Zeit für meine Frau und meine Kinder. Zu spät sollte es auch nicht sein, realistisch … nachdem ich vor über zehn Jahren beim Arzt eine Gewebeprobe aus dem Mund abgeben musste, weil der Verdacht auf Mundkrebs bestand. (Wie konnte ich das nur verdrängen!) Und nachdem eine gute Bekannte „ratzfatz" vom Bauchspeicheldrüsenkrebs besiegt und „weggerafft" wurde. Sie war fast der gleiche Jahrgang wie ich. Also: Die Deadline sollte einigermaßen realistisch sein und nichts mit Lebensträumen zu tun haben. Sie sollte mitten im Leben sein. Dort, wo es so viele von uns völlig unvorbereitet trifft – und damit so fassungslos macht.

Gleich nachdem das Datum im Manuskript getippt und somit sichtbar war, hat es sich in meinen Gedanken festgesetzt – nicht mehr wegzudenken! Und es hat einen Strudel, eine Lawine ausgelöst. Zuerst in Sachen Konsequenzen. Wenn ich jetzt noch volle vier Jahre Zeit zum Leben habe, dann will ich diese Zeit sinnvoll nützen. Ab sofort. Gleich heute Abend. Tatort schauen, mit meiner Frau gut Essen gehen, oder mit den Kindern noch länger spielen als sonst? Was ist mir wirklich wichtig? Was möchte ich am 16. 04. 2016 nicht missen? Und: Wenn ich den 16. 04. 2016 überlebe, wenn ich Zeit dazu geschenkt bekomme – dann ist jeder Augenblick, den ich noch länger leben darf, geschenkt!

Ich kann es kaum erwarten, geschenkte Zeit zu erleben. Geschenkte Lebenszeit auszukosten, zu genießen! Ich kann mir nicht vorstellen, die mir verbleibende Lebenszeit bis zur Deadline mit Belanglosem zu füllen. Ebenso wenig kann ich mir vorstellen, dass geschenkte Lebenszeit ab der Deadline gleichgültig, bedeutungslos und uninteressant wird!

Und so kam es! Mein Leben bis zur Deadline ist ein anderes geworden! Und mein Leben nach der Deadline hat sich gravierend verändert!

Eine folgenreiche Predigt

Am 18. November 2012 wurde die Predigt zum ersten Mal im Fernseh-Gottesdienst ausgestrahlt. Das Thema lautete: „Seid getrost!" Darin hieß es: „… mir persönlich haben verschiedene Aspekte geholfen, das Sterben zu bedenken, es in Gedanken immer wieder zu bewegen. Zum einen habe ich mir vor ca. zwei Monaten eine fiktive Deadline gesetzt. Gott sei Dank weiß keiner den Tag seines Sterbens genau. Aber wenn er dann kommt, ist es für die Angehörigen ein großer Schock. Es trifft einen meistens völlig unvorbereitet. Eine Welt scheint zusammenzubrechen. Um dem entgegenzuwirken, habe ich mir einen Todestag gesetzt. 16. 04. 2016. Das hört sich ein bisschen makaber an. Ehrlich gesagt: Wenn ich mit meiner Frau darüber spreche, hängt meistens auch der Familienfrieden für kurze Zeit schief. Und andere sagen mir immer wieder: ‚Mensch, zu diesem Zeitpunkt sind doch Ihre Kinder noch viel zu klein. Die brauchen Sie doch noch.' Richtig! Was aber, wenn es doch so kommt? Am 16. 04. 2016. Ich mache mir heute ganz konkret bewusst, dass ich sterben werde.

Das bedeutet zunächst: Noch vier Jahre zu leben. Eine lange, aber doch begrenzte Zeit. Das hilft mir, mit meiner Zeit nicht freizügig, oberflächlich, verschwenderisch umzugehen, sondern bewusst zu leben. Die Zeit mit den Kindern zu genießen. Die Zeit mit meiner Frau zu genießen. Die Zeit mit Freunden zu genießen. Hilft mir aber auch, mir immer wieder klar zu machen: Möchte ich das, was ich jetzt beruflich mache, auch wirklich weiter machen bis zum Ende? Lohnt sich das? Oder wäre nicht endlich etwas anderes dran? Es hilft, mir über meine Prioritäten bewusst zu werden, und eventuell neue Prioritäten zu setzen. Letzten Endes habe ich darüber auch zu einer neuen Lebenseinstellung gefunden: Genieße jeden Tag deines Lebens. Denn fröhlich zu sein bei all seinem Tun und guten Mut zu haben bei allem, ist ein Geschenk Gottes. So lebe ich bis zu diesem fiktiven Tag in dem Bewusstsein: Ich genieße die Zeit, die mir bleibt, und ich lebe bewusst im Hier und Jetzt. Sollte der Tod am 16. 04. 2016 nicht eintreten, kann das Leben danach noch einmal richtig losgehen. In Dankbarkeit gegenüber Gott, dass er mir noch mehr Lebenszeit schenkt. Auch das führt dazu, dass das Leben jeden Tag bewusster wahrgenommen wird als ein Geschenk Gottes. (...)"

Schöne Worte, die sich bei mir schon längst ins Gehirn eingeprägt hatten. Ich hatte mich damit abgefunden, darauf eingestellt. Die, die es zum ersten Mal hörten, waren teilweise erschüttert, teilweise nachdenklich geworden. Zuschauer meldeten sich: „Haben Sie schon mal an die Self-Fulfilling-Theory gedacht? Was Sie denken, wird geschehen. Machen Sie doch keinen Unsinn."

Recht hat er! Und es war nicht leicht, mit diesem Damoklesschwert zu leben. Aber es gab mir zu bedenken, dass ich sterben werde (vgl. Psalm 90)!

Eine Zuschauerin schrieb: „2016? Bedenken Sie mal, wie alt da Ihre kleinen Kinder sind. Dominik wird 12 Jahre alt sein, Rebecca 10, Pascal 7 Jahre und Jeanetta gerade mal 6! Denken Sie doch an Ihre Kinder. Die brauchen doch ihren Papa!" Recht hat sie! Aber wie war das bei der befreundeten Familie, deren Papa Andreas bei einem Motoradunfall mit 42 Jahren ums Leben kam? Seine kleine Tochter Sarah-Lisa, 6 Jahre alt, und sein Sohn David, 8 Jahre alt, hätten so gerne nochmals mit ihm gebastelt, gespielt, gesungen, getanzt … und seine Frau wäre so gerne nochmals mit ihm mitgefahren, hatte schon den Urlaub geplant … Jetzt ist er einfach so gegangen, ohne sich zu verabschieden. Und vorher war ihm die Arbeit wichtiger. So viele Überstunden von seiner Lebenszeit hat er als Arbeitszeit im Büro verbrach. Das verdiente Geld war wichtiger. Die Anerkennung von den Kollegen und dem Vorgesetzten war entscheidender, vordringlicher, ausschlaggebender, triftiger, vorzüglicher, bedeutender … Wie viele triftige Gründe es eben gibt, sich vorrangig mit dem zu beschäftigen, was eigentlich nebensächlich ist.

Meine Frau hat, als sie von der Predigt erfuhr, gar nichts gesagt. Sie hat sich ihrer Beschäftigung gewidmet. Sie hat es als absoluten Unsinn abgetan und es war für sie erledigt. Verständlich. Wieso soll man das Glück des

Augenblicks infrage stellen und aus der Hand geben? Wir sind eher gewohnt, zu bewahren, festzuhalten, etwas auf Dauer anzulegen, als mit der Vergänglichkeit zu rechnen. Was uns dann eben im Fall der Fälle so fassungslos, so betroffen, so bestürzt und trostlos macht. Wenn das Unvorstellbare kommt, wenn das Unfassbare passiert, dann ist man zu Tode erschrocken, verliert die Fassung, wird aller Sinne beraubt, wird wie vom Blitz getroffen und fällt aus allen Wolken. Hätte man es nur vorher gewusst – man hätte manches anders gemacht!

Interessant und erschreckend ist: Jeder von uns weiß, dass das Leben endlich ist. Aber es wirkt sich Nullkommanichts auf unser Leben aus! Wir leben so, als gäbe es noch genug Zeit. Wie sagt der Volksmund: „Des Teufels liebste Bank ist die lange Bank." Oder: „Was du heute kannst besorgen, das verschiebe stets auf morgen!" In einer Fabel wird von Äsop erzählt: Ein wilder Hund, der in der Wildnis lebte, fror in der kalten Jahrezeit erbärmlich. Er verzog sich in eine Höhle, kauerte sich zusammen, zitterte vor Kälte und begann mit sich selbst zu reden: ‚Wenn es nur endlich wieder Sommer und warm würde, dann werde ich mir ganz sicher eine schöne Hütte bauen, damit ich im nächsten Winter nicht mehr frieren muss.' Die kalten Tage vergingen und es wurde es wieder wärmer. Und endlich war der Sommer da! Der Hund war fasziniert von der Wärme und den Sonnenstrahlen. Er wachte auf! Er blühte auf ... voller Tatendrang! In kürzester Zeit war der Winter vergessen, die Kälte verdrängt und …. alle seine guten Vorsätze waren komplett vergessen. Er lag da, reckte und streckte sich, blinzelte genussvoll in die Sonne und dachte nicht mehr daran, sich eine Hütte zu bauen. Aber, es kam, wie es kommen musste: Der nächste Winter wurde bitter kalt und der Hund erfror elendig."

Wie viele Winter haben uns schon zu Vorsätzen gezwungen. Aber mit der Sonne schmolzen auch die Vorsätze weg. Und wie viele Erfrierungen mussten wir schon aushalten und durchstehen – aber die wohlige Wärme scheint uns immer wieder vergessen zu machen!

Hole das Sterben ins Leben. Zum einen trifft es uns dann nicht aus heiterem Himmel. Zum anderen ist der Tod nicht etwas Weltfremdes und Lebensfeindliches. Diese Einsicht vertrat der junge Mozart. In einem Brief an seinen Vater schrieb er:

„Da der Tod das Ziel unseres Lebens ist, so habe ich mich mit diesem wahren Freunde des Menschen so bekannt gemacht, dass sein Bild nichts Schreckendes mehr für mich hat, sondern Beruhigendes und Tröstendes. Und ich danke meinem Gott, dass er mir das Glück gegönnt hat, ihn als Schlüssel unserer wahren Glückseligkeit kennenzulernen. Ich lege mich nie zu Bette, ohne zu bedenken, dass ich vielleicht den anderen Tag nicht mehr sein werde, und es wird doch kein Mensch sagen können, dass ich im Umgang mürrisch und traurig wäre. Für diese Glückseligkeit danke ich alle Tage meinem Schöpfer."

Das hat mir an Mozarts Brief gefallen: Er legt sich nie zu Bett, ohne zu bedenken, dass er den nächsten Tag vielleicht nicht mehr leben wird. Das bedeutet für mich, dass ich jeden Tag auch noch einmal Revue passieren lasse und wirklich mit ihm abschließe. Das heißt, mich zu fragen: War das, was ich getan habe, sinnvoll? Kam beim Tun und Lassen etwas dabei heraus? Oder war es vergeudete Zeit? Bin ich mit den Menschen in meinem Umfeld so in Frieden, dass ich getrost loslassen könnte? Oder ist noch so viel Unausgesprochenes, so viel Fragwürdiges, so viel Ungeklärtes, dass es dringend geboten ist, in kürzester Zeit etwas zu klären.

Ich denke für mich: Jeder Tag müsste unter dem Strich so gelaufen sein, so viel gebracht haben, dass man, ohne unzufrieden zu sein, den nächsten Tag nicht mehr bräuchte. Mozart hat in diesem Zusammenhang von Glückseligkeit gesprochen. Ich persönlich kann das nachempfinden. Vielleicht liegt in diesem Bedenken des eigenen Sterbens der Zugang zum Glück, zu einer tiefen Lebenszufriedenheit. Denn ich richte mein Tun und Lassen neu aus. Setze neue Prioritäten. Und bin schneller bereit, loszulassen oder etwas Neues zu wagen.

Die ersten Tage vom Rest des Lebens

Im August 2012, mitten im Sommer, mitten drin im unbeschwerten Leben – die Kinder spielen, der Garten blüht wie ein Paradies, der Urlaub steht bevor, freie Zeit, pure Lebenszeit – ans Sterben denken? Nicht nur kurz dran denken, wie das wäre, wenn … Sondern sich eine fiktive Deadline setzen: 16. 04. 2016.

Es war zunächst schwer, sich darauf einzulassen. Beim Spielen mit den Kindern war alles wie immer. Beim Abendbrot ebenfalls. Am nächsten Tag galt es, die Koffer zu packen. Die Reise vorzubereiten. Traumhafter Urlaub auf Lanzarote stand bevor. Der Urlaub verlief perfekt! Unvergessliche Erlebnisse. Unzählige Eindrücke. Danach ging es wieder mit neuen Kräften an die Arbeit. Jeder Tag gefüllt bis an den Rand mit Terminen: Gespräche, Klausuren, Konzerte, Vorträge … alles schien wie gewohnt seinen Gang zu nehmen. Aber der Kopf meldete sich immer häufiger: 16. 04. 2016. Du hast noch vier Jahre Zeit. Soll alles wie gewohnt weiter laufen?

Es war eine Lappalie. Ich hatte mal wieder den Spülschwamm und das Trockentuch missbraucht, um die Kickschuhe meines Sohnes zu putzen. Ja, mir wurde schon oft erklärt, dass das nicht zusammen passt. Der

Spülschwamm ist für das Geschirr und den Abwasch, und nicht zum Reinigen der Schuhe. Es begann ein Streit. Die Kickschuhe waren blitzblank und es wollte mir nicht einleuchten, dass das nicht gehen sollte. Ich wollte Recht behalten und konnte mich nicht damit abfinden, eine Niederlage einzufahren! Das heißt, so ein Vorfall dauert gut und gerne mindestens ein bis zwei Tage – wenn nicht ein Schritt der Versöhnung erfolgt.

Die Deadline hat mich umdenken gelehrt: Will ich mir das antun? Von meiner Lebenszeit, die sich an dem Tag, Mitte September 2012, auf ca. 1270 Tage belief, so viel Zeit im Streit zu verbringen? Im Schweigen? Im Groll? Nein, das wollte ich nicht! Also ging ich den Schritt auf meine Frau schon früher zu. Viel früher. Am nächsten Morgen, statt am übernächsten Tag, brachte ich nicht nur belegte Brötchen ins Büro, sondern auch eine Entschuldigung mit. Mit der Bitte, sie möge mir das Vorgehen mit dem Spülschwamm verzeihen und mit dem Versprechen, dies nicht wieder zu tun. Wie gesagt: Es war eine Lappalie. Aber aus wie vielen solcher Lappalien besteht der Ehealltag, der uns unendlich viel an Lebenszeit raubt? Kleinigkeiten, die wertvolle Stunden verplempern, die schön und erfüllt sein könnten, wenn da nicht Krieg geführt werden, sondern Eintracht herrschen würde. Soll meine Lebenszeit damit erfüllt werden, im Krieg das Recht zu erobern? Meinen Partner zu ändern, ihn mundtot zu machen, gleichgültig, dass er sich nicht mehr über alles Mögliche beschwert? Das kostet Kraft! Und es ist nicht unbedingt erfolgsversprechend! Zugegeben, in diesen vier Jahren, bis zum 16. 04. 2016, gab es natürlich noch mehr Streitereien. Ohne geht nicht. Aber der wesentliche Schritt zum Streitschlichten, um Vergebung zu bitten, der kam immer früher. Im Bewusstsein: Die Lebenszeit ist zu kurz, um so viel von ihr dem Destruktiven zu überlassen.

Mein Sohn Pascal ist ein begeisterter Fußballer. Mit seinen sieben Jahren spielt er bereits besser als sein Papa. Montags und mittwochs ist Training. Samstags sind oft die Turniere. Aber montags und mittwochs ist der Kalender in der Regel so gefüllt, dass es keine Chance gibt, ihn zum Training zu begleiten. Früh am Morgen, gleich nach dem Aufwachen, höre ich an diesen Tagen meist seine Frage: „Papa, kommst du heute mit zum Training und schaust mir zu?" Doch samstags ist Mülltag. Die Zeit ist eigentlich reserviert, um zum Wertstoffhof zu fahren, das Haus aufzuräumen, das Auto zu putzen, den Garten zu richten. Keine Zeit, den kleinen Fußballer auf ein Turnier zu begleiten. Aber was ist am 16. 04. 2016? Bin ich dann froh und dankbar, allen beruflichen Terminen nachgekommen zu sein? Bin ich oder irgendjemand davon angetan, die häuslichen Pflichten getreu bis an den Tod erfüllt zu haben und auf dem Wertstoffhof diverse Schwätzchen gehalten zu haben? Trägt das zu einer erfüllten Lebenszeit bei? Oder sind es die freudestrahlenden Augen des Sohnes, wenn er ein Tor geschossen und der Papa es gesehen hat?

16.04.2016 – das Datum hat mich gelehrt: Der Wertstoffhof ist auch am Freitagnachmittag geöffnet, wenn mein Sohn in die Jungschar geht. Und überhaupt: Wenn ich eine Woche nicht zum Wertstoffhof gehe, ist das Haus deshalb noch lange nicht zugemüllt. Also: Die Tage alternativ planen, sodass das wirklich Wichtige nicht zu kurz kommt! Auch mal fünf gerade sein lassen! Ein Auge zudrücken. Nicht alles so perfekt, nur damit sich die eigenen Ansprüche zufrieden geben. Und: Die Termine im Büro ließen sich an anderen Tagen, zu anderen Zeiten auch planen. Manches Mal kam Sinnvolleres dabei heraus, wenn man ohne schlechtes Gewissen, ohne Zeitdruck das Gespräch mit dem Mitarbeiter führt. Oder wenn man nicht versucht, zu später Stunde noch ein Konzept halbwegs auf die Reihe zu kriegen. Meinen Kindern, meiner Frau Zeit, Aufmerksamkeit und Zuwendung schuldig zu bleiben, raubt viel von wertvoller Schaffenskraft. Gute Momente, in denen ich die mir anvertrauten Menschen glücklich machen kann, schaffen dafür umso mehr Kraft. Und manche Dinge konnte ich im Handumdrehen schneller und besser erledigen, wenn ich meinen inneren Tank mit dieser Kraft gefüllt hatte.

Ich glaube, ich bin in der Zwischenzeit einer der wenigen Väter, die fast jeden Montag und Mittwoch im Training zu sehen sind. Was die Trainer schon dazu veranlasst hat, mich zu fragen, ob ich nicht auch Trainer werden wolle, wenn ich schon so viel Zeit habe.

Außerdem bin ich auch bei fast jedem Turnier dabei. Dann setze ich mich eben dem Vorwurf aus, wirklich nichts anderes zu tun zu haben! Gerne! Sollen die Leute das denken! Meinen Sohn Pascal macht es glücklich. Und dieses Glück werde ich am 16. 04. 2016 nicht bereuen!

Aber bis zum 16. 04. 2016 ist noch eine lange Zeit. Immer wieder ging der Gedanke daran mitten im Leben unter. Da schlich sich wieder Routine ein, Dinge nahmen ihren alltäglichen Gang – viel zu lange. Viel zu unbedacht. Viel zu unaufmerksam für das Wesentliche. Ab und zu bemerkte ich, wie ich den Gedanken sogar verdrängte. Jedenfalls versuchte zu verdrängen. Plötzlich waren wieder Wochen ins Land gegangen, ohne bewusst zu leben. Vielleicht ist das gut so. Denn die Sache mit dem fiktiven Sterbedatum soll ja nicht in Verzweiflung ausarten. Sie soll nicht aus Angst und Torschlusspanik alles aus dem Ruder und durcheinanderbringen. Dieses Mindesthaltbarkeitsdatum sollte zu keinem Damoklesschwert werden.

Der Damokles-Effekt

Damokles war der Legende nach ein Günstling des Tyrannen Dionysios I. oder Dionysios II. von Syrakus in der ersten Hälfte des 4. Jahrhunderts v. Chr. Die Anekdote vom Damoklesschwert ist aus Ciceros tusculanae disputationes 5,61-62 überliefert. Damokles wird als ein Höfling beschrieben, der mit seinem Leben unzufrieden war. Er beneidete den Tyrannen um dessen Macht und Reichtum und hob in seinen Schmeicheleien stets dessen Vorzüge hervor. Dionysios beschloss daher, Damokles anhand des sprichwörtlichen Damoklesschwerts die Vergänglichkeit, vor allem die seiner Position, zu verdeutlichen. Der Herrscher lud Damokles zu einem Festmahl ein und bot ihm an, an der königlichen Tafel sitzen zu dürfen. Zuvor ließ er jedoch über Damokles' Platz ein großes Schwert aufhängen, das lediglich von einem Rosshaar gehalten wurde. Als Damokles das Schwert über seinem Kopf bemerkte, war es ihm unmöglich, den dargebotenen Luxus zu genießen. Schließlich bat er darum, auf die Annehmlichkeiten (und die damit verbundene Bedrohung) verzichten zu dürfen. Damokles hatte seine Lektion erhalten, dass Reichtum und Macht keinen Schutz vor Gefahren bieten, sondern diese verursachen.

Sich ein eigenes, fiktives Sterbedatum zu setzen, hat viel und wenig mit der Anekdote des Damoklesschwertes zu tun. Wer dadurch verlernt, das Leben mit seinen Kostbarkeiten zu genießen, aus Angst, Panik oder Furcht, etwas zu verpassen oder gar zu kurz zu kommen, der hat genau das Gegenteil erreicht von dem, zu was es führen soll: den eigenen Tod zu bedenken. Wer aber sensibel für die Endlichkeit, für das „Verfallsdatum" wird, und deshalb das Leben anfängt zu genießen, der hat an Weisheit gewonnen. Wer dadurch vom Neid befreit wird, und dankbar wird für das, was er selbst hat, ist und kann, der hat viel an Lebensqualität gewonnen.

Das Sterbedatum hängt nicht wie ein Damoklesschwert über uns und soll Angst erzeugen und uns lähmen. Sollte der Tod so viel Macht über uns haben, dass er uns schon jetzt zu Lebzeiten Schachmatt setzt? Dieser negative Damokles-Effekt wäre verhängnisvoll!

Für mich hat sich im Lauf der Zeit ein positiver Damokles-Effekt ergeben: Ich genieße das Leben. Ja, es ist zum Lebensmotto geworden, was schon der alte Prediger in Worte gefasst hat (Prediger 3,12-13): „Da merkte ich, dass es nichts Besseres dabei gibt als fröhlich sein und sich gütlich tun in seinem Leben. Denn ein Mensch, der da isst und trinkt und hat guten Mut bei all seinem Mühen, das ist eine Gabe Gottes." Er hat entdeckt: Das Damoklesschwert über mir hat es nicht auf mein Leben abgesehen. Sondern es hilft mir, die Zeiten zu trennen. Sinnlose Zeit von sinnvoller Zeit messerscharf zu trennen.

Ich habe mich schon oft mit diesen Zeilen aus dem Alten Testament beschäftigt. Zum Leben erwacht sind sie aber erst durch die Annahme, dass es ein – vielmehr: dass es *mein* – Verfallsdatum gibt. Genauso wie beim Prediger selbst die Erkenntnis erst kam, als er sich dessen bewusst wurde, dass jeder sterben muss, und alles Abmühen vorher „ganz eitel" ist. Zuerst scheint bei ihm alles wahllos, ohne Horizont, ohne Sinn und Planung abzulaufen.

Er schreibt (Prediger 2,1-16): „Ich sprach in meinem Herzen: Wohlan, ich will Wohlleben und gute Tage haben! Aber siehe, das war auch eitel. Ich sprach zum Lachen: Du bist toll!, und zur Freude: Was schaffst du? Da dachte ich in meinem Herzen, meinen Leib mit Wein zu laben, doch so, dass mein Herz mich mit Weisheit leitete, und mich an Torheit zu halten, bis ich sähe, was den Menschen zu tun gut wäre, solange sie unter dem Himmel leben. Ich tat große Dinge: Ich baute mir Häuser, ich pflanzte mir Weinberge, ich machte mir Gärten und Lustgärten und pflanzte allerlei fruchtbare Bäume hinein; ich machte mir Teiche, daraus zu bewässern den Wald der grünenden Bäume. Ich erwarb mir Knechte und Mägde und hatte auch Gesinde, im Hause geboren; ich hatte eine größere Habe an Rindern und Schafen als alle, die vor mir zu Jerusalem waren. Ich sammelte mir auch Silber und Gold und was Könige und Länder besitzen; ich beschaffte mir Sänger und Sängerinnen und die Wonne der Menschen, Frauen in Menge, und war größer als alle, die vor mir zu Jerusalem waren. Auch da blieb meine Weisheit bei mir. Und alles, was meine Augen wünschten, das gab ich ihnen und verwehrte meinem Herzen keine Freude, sodass es fröhlich war von aller meiner Mühe; und das war mein Teil von aller meiner Mühe. Als ich aber ansah alle meine Werke, die meine Hand getan hatte, und die Mühe, die ich gehabt hatte, siehe, da war es alles eitel und Haschen nach Wind und kein Gewinn unter der Sonne. Da wandte ich mich, zu betrachten die Weisheit und die Tollheit und Torheit. Denn was wird der Mensch tun, der nach dem König kommen wird? Was man schon längst getan hat. Da sah ich, dass die Weisheit die Torheit übertrifft wie das Licht die Finsternis; dass der Weise seine Augen im Kopf hat, aber die Toren in der Finsternis gehen; und ich merkte doch, dass es dem einen geht wie dem andern. Da dachte ich in meinem Herzen: Wenn es denn mir geht wie dem Toren, warum hab ich dann nach Weisheit getrachtet? Da sprach ich in meinem Herzen: Auch das ist eitel. Denn man gedenkt des Weisen nicht für immer, ebenso wenig wie des Toren, und in künftigen Tagen ist alles vergessen. Wie stirbt doch der Weise samt dem Toren!"

Plötzlich ist das Sterben wie ein Damoklesschwert über ihm, allerdings zunächst mit dem negativen Damokles-Effekt – er verliert die Lebensfreude (Prediger 2,17-20): „Darum verdross es mich zu leben, denn es war mir zuwider, was unter der Sonne geschieht, dass alles eitel ist und Haschen nach Wind. Und mich verdross alles, um das ich mich gemüht hatte unter der Sonne, weil ich es einem Menschen lassen muss, der nach mir sein wird. Denn wer weiß, ob er weise oder töricht sein wird und soll doch herrschen über alles, was ich mit Mühe und Weisheit geschafft habe unter der Sonne. Das ist auch eitel. Da wandte ich mich dahin, dass ich mein Herz verzweifeln ließ an allem, um das ich mich mühte unter der Sonne."

Das sind wahrlich schwere Stunden: Wenn das Damoklesschwert schon angefangen hat, das Herz zu piesacken. (Das Wort *piesacken* ist wohl entstanden aus der Behandlungsmethode einer Chirurgendynastie, die mit dem Skalpell ohne Rücksicht auf Schmerzen die Patienten mehr quälten als heilten!)[1] Wenn mich mein Tun und Lassen zur Verzweiflung treibt, die sadistische Fragen stellt: Lohnt sich das alles? Welchen Sinn hat mein Sein? Wozu bin ich bloß? Was tauge ich überhaupt? Wozu soll das alles gut sein?

Es gibt Stunden, wo im Angesicht und im Bewusstsein der eigenen Sterblichkeit das Leben unendlich schwer fällt. Wenn die Beziehung zerbrochen ist, das berufliche Ziel verfehlt wurde, man an Menschen, die einem wirklich wichtig sind, schuldig geworden ist, eine ärztliche Diagnose alles niederschmettert. Das Leben bietet ständig Möglichkeiten, daran zu verzweifeln. Aber es sind auch kleine Hinweise darauf, dass nichts vom

---

1 https://de.wiktionary.org/wiki/piesacken. Zugriff: 15.02.2017

Glück endlos, ewig oder zeitlos ist und deshalb sehr intensiv wahrgenommen werden will. Der Prediger kommt im Verlauf der weiteren Reflektion der Endlichkeit zu einer weitreichenden Erkenntnis. Entgegen der Reaktion von Damokles, der lieber auf die Annehmlichkeiten verzichten wollte, fragt er sich angesichts des Sterben-Müssens (Prediger 2,24-25): „Ist's nun nicht besser für den Menschen, dass er esse und trinke und seine Seele guter Dinge sei bei seinem Mühen? Doch dies sah ich auch, dass es von Gottes Hand kommt. Denn wer kann fröhlich essen und genießen ohne ihn?"

„Ja! So ist es!", möchte ich ihm zurufen. Ja! So ist es, resümiert er ein paar Augenblicke später (Prediger 3,12-13): „Da merkte ich, dass es nichts Besseres dabei gibt als fröhlich sein und sich gütlich tun in seinem Leben. Denn ein Mensch, der da isst und trinkt und hat guten Mut bei all seinem Mühen, das ist eine Gabe Gottes."

Das Bewusstsein für das eigene Sterben macht die Lebenszeit sinnvoll. Das Leben ist im Rahmen der Mindesthaltbarkeit bis zum Verfallsdatum zu genießen! In vollen Zügen zu genießen. Auszukosten!

Es gibt nichts Besseres, als fröhlich zu sein! Und sich gütlich tun in seinem Leben. Was für eine Lebensperspektive! Was für eine Lebensqualität. Wie oft gehen wir mürrisch zur Arbeit. Kommen unbefriedigt und freudlos von aller Arbeitsmühe zurück. Wie oft haben wir innerlich gekündigt und schleppen uns von Tag zu Tag. Wie oft schlängelt sich das Leben wie ein endloser Stau im

Schritttempo durch die Gegend, statt dass es mit voller Kraft vorwärts geht. Wie oft fehlt jede Fröhlichkeit und Unbeschwertheit in unseren Beziehungen. Sie sind abgestumpft. Vom Schweigen dominiert. Wie oft rauben die vermeintlich unlösbaren Sorgen und Probleme um das Hab und Gut, die eigene Existenz, die Gesundheit nicht nur den Schlaf, sondern fressen auch die letzten Ressourcen an Lebensfreude auf. Weil sie das Sagen und Macht über uns haben. Weil wir uns ihnen wie einer Chirurgendynastie ausliefern und unterwerfen, die an uns am lebendigen Leib und offenen Herzen hantieren können, wie sie wollen. Das Damoklesschwert piesackt! Wenn wir es wollen. Wenn wir es zulassen. Aber der Prediger lehrt uns: Wir haben es in der Hand. Wir können weiterdenken. Wir sind zu mehr fähig. Wir müssen das nicht mit uns machen lassen! Es kann durchaus sein, dass der Weg zum Genuss ein weiter, beschwerlicher Weg ist, der einem nichts erspart. Der Prediger hat diesen Weg zurückgelegt. Und ermutigte mich (Prediger 3,12-13): „Da merkte ich, dass es nichts Besseres dabei gibt als fröhlich sein und sich gütlich tun in seinem Leben. Denn ein Mensch, der da isst und trinkt und hat guten Mut bei all seinem Mühen, das ist eine Gabe Gottes."

Das Leben fühlt sich anders an

Man kann ihn als irrwitzige Idee, als respektlos oder originell, als amüsant oder skurril, als Quatsch in allerbester Qualität bezeichnen: den Film „Das brandneue Testament". Die Handlung: Gott existiert und lebt mit seiner Frau und seiner zehnjährigen Tochter Éa in einer Hochhauswohnung in Brüssel. Er ist ein cholerischer und sadistischer Gott, der seine Familie tyrannisiert und seinen verstorbenen Sohn Jesus für ein Weichei hält. Er hat Freude daran, den Menschen das Leben mit absurden Geboten zu erschweren, und manipuliert ihr Schicksal über ein Computerprogramm. Sein Büro, in dem sein PC steht, ist für die Familie absolut tabu. Als sich seine Tochter dennoch einmal hineinschleicht, verprügelt er sie fürchterlich.

Daraufhin beschließt Éa, gegen ihren Vater aufzubegehren. Sie schickt jedem Erdenbürger eine Nachricht mit seinem persönlichen Sterbedatum; anschließend lässt sie den Rechner abstürzen. Durch die Kenntnis des eigenen Sterbedatums verändern sich die Menschen. Viele erfüllen sich ihre sehnlichsten Wünsche, kriegerische Auseinandersetzungen werden weltweit eingestellt.

Sich die sehnlichsten Wünsche erfüllen. Jetzt! Wann denn sonst? „Wir hatten noch so viel vor. Wir wollten reisen. Wir wollten mit den Enkeln Urlaub machen. Wir hatten doch gerade erst die Wohnung oben ausgebaut …" Wie oft hört man bei Trauergesprächen solche Sätze! Zu lang gewartet. Zu wenig damit gerechnet, dass keine Zeit mehr bleibt! Für die Betroffenen bricht eine Welt zusammen! Kein Wenn und kein Aber. Ein Gedicht, das mich sehr inspiriert hat, ist von einer 85jährigen unbekannten Autorin oder Autoren:

Wenn ich mein Leben noch einmal leben dürfte,
würde ich versuchen, mehr Fehler zu machen.

Ich würde nicht so perfekt sein wollen –
ich würde mich mehr entspannen.

Ich wäre ein bisschen verrückter, als ich es gewesen bin,
ich wüsste nur wenige Dinge,
die ich wirklich sehr ernst nehmen würde.

Ich würde mehr riskieren, würde mehr reisen,
ich würde mehr Berge besteigen
und mehr Sonnenuntergänge betrachten.

Ich würde mehr Eis und weniger Salat essen.

Ich war einer dieser klugen Menschen,
die jede Minute ihres Lebens vorausschauend und vernünftig leben,
Stunde um Stunde, Tag für Tag.

Oh ja, es gab schöne und glückliche Momente,
aber wenn ich noch einmal anfangen könnte,
würde ich versuchen, nur mehr gute Augenblicke zu haben.

Falls du es noch nicht weißt,
aus diesen besteht nämlich das Leben;
nur aus Augenblicken, vergiss nicht den Jetzigen!

Wenn ich noch einmal leben könnte,
würde ich von Frühlingsbeginn an
bis in den Spätherbst hinein barfuß gehen.

Ich würde vieles einfach schwänzen,
ich würde öfter in der Sonne liegen.

Aber sehen Sie . . . ich bin 85 Jahre alt
und weiß, dass ich bald sterben werde.

Ich zitiere für mich gerne die erste Zeile: „Wenn ich mein Leben noch einmal leben dürfte ..." Bevor ich 85 Jahre alt bin, möchte ich besser heute anfangen, das Leben zu genießen. Zu gestalten. Sinnvoll zu nützen. Ein südamerikanisches Sprichwort lautet: „Heute fängt der erste Tag vom Rest deines Lebens an."

Der Rest des Lebens

Das Leben fühlt sich anders an, seit ich weiß, dass der Rest des Lebens begonnen hat und dieser Rest an Lebenszeit nicht ewig dauern wird. In den vier Jahren vom Rest des Lebens war es mir immer wieder wichtig, aufmerksam wahrzunehmen, in welcher Situation ich mich befinde: Bin ich in einem Kreislauf? Oder in einer Sackgasse? Werde ich von Ängsten gejagt und getrieben? Bin ich fremdbestimmt von Schuldgefühlen oder vor dem ständigen Pflichtbewusstsein auf der Flucht? Werde ich von vermeintlich unveränderlichen, unabwendbaren Umständen festgelegt? Will ich den Job, den ich gestern und heute getan habe, auch noch morgen machen? Wenn nicht, wie lange mache ich das dann noch? Will ich die finanziellen Rahmenbedingungen akzeptieren? Mich abfinden mit roten Zahlen und einem überzogenen Konto? Oder suche ich heute noch das Gespräch mit der Bank, mit einem Berater, mit einem Experten? Will ich mich weiter gehenlassen und damit die Zeit verschwenden: Morgens erst spät aus dem Bett, um die Morgenstund mit Gold im Mund zu verpassen? Will ich abends die wertvolle Zeit in fiktiven Fernsehwelten an mir vorüberziehen lassen? Welten, die mich ablenken davon, meine eigenen Gaben und Talente kreativ zu entfalten?

Will ich wirklich ständig abwarten, nach dem Motto: Kommt Zeit, kommt Rat? Aber es gilt auch wahrzunehmen, was die ureigensten Bedürfnisse und Sehnsüchte sind. Die gehören zu mir. Dürfen sein. So hat mich Gott geschaffen: mit Träumen, Hoffnungen, Neigungen und Wünschen. Zu mir gehören Gaben und Talente – wenn sie vergraben bleiben, entwickeln sie Frust und Leere, Sinnlosigkeit und Enttäuschung. Anfangen!

Was wäre, wenn ich das Leben noch einmal leben dürfte? Ab heute darf ich leben. Ab heute kann ich es anders machen. Ab heute habe ich die Kraft, das Neue zu planen, anzugehen und umzusetzen. Ab heute, denn die Deadline ist vor Augen: 16.04.2016.

Entscheidungen treffen!

In den vier Jahren bis zum 16. 04. 2016 war es wichtig, Entscheidungen zu treffen. *Meine* Entscheidungen! Die von mir gefällt werden, unbeachtet dessen, was andere über mich sagen, denken, von mir halten. Es geht um mich! Um meine Lebenszeit. Und so ist schon mal eine ganz grundsätzliche Entscheidung zu fällen, indem man sich bewusst wird: Lebenszeit besteht aus vielen Zeitfenstern: Arbeitszeit, Freizeit, Familienzeit, Urlaubszeit. Zugegeben: Jede Zeit gehört dem, der dafür „aufkommt".

Mein Arbeitgeber kommt finanziell für die Arbeitszeit auf. Dafür gebe ich ihm acht Stunden täglich. Die bezahlt er auch. Mehr gibt es nicht. Alles andere ist meine Zeit: Lebenzeit, Freizeit, Familienzeit. Meiner Familie gehört die Familienzeit: Dafür kommt sie auf. „Entlohnt" mich mit Glück und Geborgenheit, mit Investitionen in die Zukunft. Dafür hat sie ein Recht auf meine Familienzeit. Und ich habe ein Recht auf meine Freizeit. Die brauche ich für mich und werde durch neue Kraft, neue Ideen, Gelassenheit und Ausgeglichenheit dafür entschädigt. Wenn ich alle Zeitfenster für meinen Arbeitgeber öffne, obwohl er mir nur das „Arbeitszeitfenster" vergütet, komme ich aus dem Gleichgewicht, bleibe meiner

Familie und mir selbst viel schuldig. Es ist eine, *meine*, Entscheidung, welches Zeitfenster ich wie lange öffne!

Das Problem bei Entscheidungen: So viele Entscheidungen werden nicht getroffen, weil ich Angst davor habe, was andere über mich sagen. Es ist meine Entscheidung, wie lange ich noch unversöhnt mit dem Bruder, dem Vater, der Mutter leben möchte. Es ist meine Entscheidung, wie lange ich noch den Beruf ausüben möchte, der mir zwar einigermaßen Geld bringt, mich aber morgens nicht sonderlich motiviert aufstehen lässt und schon gar nicht erfüllt. Meine ureigenste Entscheidung.

Ich habe in der Tat bis zum 16. 04. 2016 viele Entscheidungen getroffen: Natürlich habe ich mir den Flügel, von dem ich schon so lange geträumt habe, gekauft. Gespart, gespart und dann auf Raten gekauft!

Natürlich habe ich mir den neuen Tischtennisschläger gekauft. Schon in meiner Jugend habe ich lange Jahre im Verein gespielt. Es so lange Jahre nicht mehr zu machen, hat mich frustriert.

Natürlich habe ich mir mehr Zeit genommen, Bücher zu schreiben, Lieder zu komponieren. Denn das hat mich immer schon erfüllt. Aber wenn diese musische und schriftstellerische Ader abgeklemmt wird, bin ich auch für andere unerträglich. Natürlich habe ich mir überlegt, wie lange ich noch in meinem Beruf auf Konferenzen rumsitzen, lange Konzepte schreiben und viele Sitzungen an mir vorüber ziehen lassen möchte. Das bin nicht ich. Mir ist es wichtig, kreativ zu arbeiten. Ohne lange vorauszuplanen, umzusetzen, was mir auf dem Herzen ist. Ideen entwickeln und damit ins kalte Wasser springen. Das bin ich. Und das möchte ich tun. Also: Reduzierung der Tätigkeit auf 50 Prozent, um mehr Zeit für das Wesentliche zu haben.

Natürlich habe ich mich bei Kapitän Crestani angemeldet, um den Bootsführerschein zu machen. Schließlich bin ich für mein Leben gerne auf dem Wasser und liebe es, mit dem Boot unterwegs zu sein. Wenn nicht jetzt, wann dann?

Natürlich habe ich vom letzten Pfennig für meine Kinder schöne Fahrräder gekauft. Es hat so gut getan, sie zu überraschen, sie glücklich zu machen.

Natürlich habe ich am Blumenladen angehalten, obwohl ich endlich nach Hause wollte – damit ich mit einem schönen Strauß meine Frau beglücken kann.

Natürlich war ich mit meinem besten Freund einmal zum Essen bei Harald Wohlfahrt in der Schwarzwaldstube. Ich esse für mein Leben gerne Dinge, die ich noch nie gegessen habe. Es war Hochgenuss pur!

Natürlich habe ich mir die Passionsfestspiele in Oberammergau nicht entgehen lassen. Die spielen ja nur alle zehn Jahre. Und wer weiß, ob oder wie oft ich das noch erleben darf!

Natürlich war ich viel öfter mit meiner Familie auf unserer Lieblingsinsel Lanzarote, obwohl wir es uns eigentlich nicht leisten konnten. Aber es war eine unbeschreiblich wertvolle, schöne, unvergessliche Zeit.

Natürlich war ich mit meinen Kids im Stadion und habe mir mit ihnen ein Spiel der Deutschen Nationalmannschaft angeschaut.

Natürlich habe ich mir ein Abo von sky gegönnt und mit meinen Jungs viele Bundesligaspiele im Fernsehen angeschaut. Obwohl der Rasen hätte gemäht werden müssen, die Straße gekehrt, die Spülmaschine eingeräumt ...

Natürlich habe ich den Wecker immer wieder auf 7.30 Uhr statt auf 5.30 Uhr gestellt. Weil ich gemerkt habe, dass ich vor 8.00 Uhr einfach noch nichts hinbekomme, aber wenn ich ausgeschlafen bin, einfach die Zeit besser nützen kann.

Und ich muss ehrlich sagen: All das fühlt sich einfach nur gut an! Nichts mehr auf die lange Bank schieben. Nichts mehr aussitzen. Nichts mehr abwarten bis zum Sankt Nimmerleinstag. Nicht mehr in selbstgestrickten Fesseln halblebig und halbherzig das Dasein fristen. Nicht mehr die Entscheidungen von anderen abhängig machen, vom eigenen schlechten Gewissen, von den Umständen, von den vielen „Es geht nicht" des Alltags. Genießen Sie Ihr Leben – und fangen Sie heute damit an. Alles hat seine Zeit, alles hat sein Verfallsdatum. Leben Sie vor der Deadline und im Wissen um die Deadline! Ein erfülltes Leben ermöglicht ein erfülltes Sterben. Ein sinnvolles Leben bewahrt vor einem sinnlosen Sterben. Wie viele Menschen habe ich kennengelernt, die nicht Sterben konnten, weil sie bestimmte

Dinge unterlassen haben – zum Beispiel die Versöhnung mit ihren Kindern. Als die Versöhnung dann geschehen ist, konnten sie loslassen und in Frieden sterben.

Entscheidungen werden am Ende bereut, bedauert, bejammert oder beklagt, wenn man sie nicht getroffen hat. Oder man findet schon im Hier und Heute zu neuem Selbstbewusstsein und zu Dankbarkeit, wenn man Entscheidungen noch im gleichen Augenblick trifft! Entscheidungen zu treffen, birgt natürlich auch die Gefahr, Fehlentscheidungen zu machen. Aber auch das eröffnet neue Perspektiven, neue Horizonte, neue Beziehungen, neue Erfahrungen – macht das Leben reicher!

Mein Freund Reinhard Börner hat folgenden Text geschrieben. Ich denke, es fasst das Gesagte noch einmal zusammen:

Jeden Tag so zu leben,
als würde es nur diesen geben,
diese Stunde, diesen Augenblick.
Weniger an gestern kleben,
weniger nach morgen streben,
nur im Hier und Heute begegnet dir das Glück.

Leben ist ein Geschenk – pack es aus.
Leben ist eine Herausforderung – nimm sie an.
Leben ist eine Chance – nutze sie.
Leben ist ein Abenteuer – wage es.

Leben heißt Enttäuschung – gib nicht auf.
Leben heißt Kummer – überwinde ihn.
Leben heißt Abschied – lass doch los.
Leben heißt Schmerz – lass ihn zu.

Leben braucht Hoffnung – gib sie nicht auf.
Leben braucht Glauben – verliere ihn nicht.
Leben braucht Vertrauen – wirf es nicht weg.
Leben braucht Liebe – gib sie weiter.

Leben ist jetzt – lass es nicht warten.
Leben ist heute – vertage es nicht.
Leben ist kurz – genieße.
Leben ist kostbar – zerstöre es nicht.[2]

---

2 Text und Musik: Reinhard Börner.
   Aus der CD: Jeden Tag so zu leben © 2012 cap-music

Alles nur Bluff?

Genau mit dem Verfasser dieses Liedes, Reinhard Börner, war ich öfters im Gespräch wegen der Deadline. Er selbst hatte vor einigen Jahren einen Herzinfarkt, stand mit einem Fuß im Jenseits und hat seine Deadline erlebt und überlebt. Er ist der Meinung, dass sich vermutlich niemand vorstellen kann, was eine Deadline ist, wenn er nicht selbst schon einmal eine lebensbedrohliche Situation erlebt hat. „Natürlich weiß jeder, dass er irgendwann sterben wird, aber wer glaubt wirklich daran, solange er nicht Bekanntschaft mit der Zerbrechlichkeit des Lebens gemacht hat? Wenn das nicht so wäre, könnte niemand auf eine Beerdigung gehen, ohne in Panik zu geraten."

Im Gespräch mit ihm wurde es mir nochmals deutlich, was eine Deadline – auch wenn sie wie bei mir nur fiktiv ist – für einen Sinn macht. Er selbst steht dieser Sache sehr kritisch gegenüber. Er hat über 20 Jahre lang als Suchttherapeut gearbeitet. Diese Tätigkeit war auf die Dauer gesehen recht anstrengend. Obwohl er den Wunsch verspürte, etwas ganz anderes zu machen, fühlte er sich im System wie in einem Hamsterrad gefangen. Plötzlich und unerwartet kam der Herzinfarkt, der Rettungssanitäter, die Intensivstation. Reinhard Börner hat es überlebt.

Gott sei Dank. Jetzt musste er etwas ändern, nicht ganz freiwillig, denn die Ärzte hatten es ihm geraten.

Heute ist er berentet und hat endlich unendlich Zeit für seine Leidenschaft – die Musik. So entstehen wunderbare Lieder mit viel Lebenserfahrung. Und diese werden für viele Menschen zum Segen.

Meine Frage an ihn war: Was wäre, wenn er schon viel früher entsprechende Entscheidungen getroffen hätte? Seine Antwort: „Vielleicht wäre es besser gewesen, ich hätte die Arbeitsstelle gewechselt oder mich in die Selbständigkeit als Musiker begeben. Ob mir dann der Infarkt erspart geblieben wäre, ist allerdings fraglich, weil neben dem Stressfaktor auch andere Dinge eine Rolle gespielt haben. Wenn ich diese lebensbedrohliche Erfahrung nicht gemacht hätte, wäre mein Leben vermutlich ganz normal weitergegangen. Ich hätte die Arbeitsstelle gewechselt, sobald sich die Möglichkeit eröffnet hätte. Und dann? Danach hätte ich mich mit hoher Wahrscheinlichkeit in einem anderen Hamsterrad, auf einer anderen Karriereleiter wiedergefunden. Auf der Intensivstation wurde mir klar, dass es nicht darum geht, nur eine berufliche Entscheidung zu treffen, sondern um eine Veränderung des Lebensstils insgesamt. Es dämmerte mir langsam, dass ich mein Leben neu erfinden musste. Ich hatte allerdings keine Ahnung, wie so etwas geht. Der Veränderungsprozess, der notwendig war, hat einige Zeit gedauert und war phasenweise sehr schmerzhaft. In der Rückschau kann ich sagen: Ohne diese gravierende Erfahrung hätte es einige grundsätzliche Veränderungen in meinem Leben nicht gegeben (meine Einstellung zur Arbeit, zum Ehrgeiz, zum Perfektionismus, mein Umgang mit meinen Grenzen usw.). Und ohne diese Grenzerfahrung wäre das Lied ‚Jeden Tag so zu leben‘ wohl nicht entstanden. Für mich kann ich sagen: Das Setzen einer fiktiven Deadline hätte mir vermutlich nicht weitergeholfen, um tiefergreifende Veränderungen in Angriff zu nehmen. Die kamen bei mir erst, als ich mit dem Rücken zur Wand stand. Dennoch: Eine fiktive Deadline halte ich für ein interessantes Gedankenexperiment, bei dem es nicht wirklich ernst wird, das aber immerhin zum Nachdenken anregen kann.“

Meine Überlegung, die mich nach wie vor für eine fiktive Deadline stimmen lässt, ist: Müssen wir wirklich zu Entscheidungen gezwungen werden, auch durch solche lebensbedrohlichen Einschnitte? Reinhard Börner meinte, dass viele Menschen erst zu Veränderungen bereit sind, wenn genügend Druck da ist. Leidensdruck. Das Problem dabei: Die wenigsten, die so ein massives gesundheitliches Problem haben, können noch aus eigenem Willen etwas verändern. Oft ist es zu spät, weil das Leben endet. Oft ist man dann in ein neues System gezwungen worden, z. B. der Rollstuhl, das Pflegebett, die Behinderung. Es ist zu spät, um etwas zu verändern. Es ist zu spät, um klug handeln und agieren zu können. Zu spät, um klug zu werden.

Meine feste Überzeugung ist: Eine Deadline schafft unwillkürlich genau diesen heilsamen Druck, der für Veränderungen notwendig ist! Wir dürfen, ja wir müssen das Sterben bedenken, um klug zu werden – rechtzeitig. Wir dürfen uns einer – wenn auch fiktiven – Deadline bewusst werden, um aus den Zwängen herauszukommen, die das Leben wie Fesseln einzwängt und gefangen nimmt. Viel häufiger sollten wir uns bewusst werden: Du musst nicht allen Erwartungen gerecht werden. Du brauchst nicht alle Erwartungen an dich zu erfüllen. Du sollst viel weniger „du sollst" erfüllen. Viel weniger „Es wäre gut, wenn du jetzt endlich ..." gehorchen.

Die Angst im Kopf:
Selbsterfüllende Prophezeiung

Eine Dimension hatte ich bei der fiktiven Deadline ein wenig unterschätzt: die Angst vor dem Sterben. Die rückt einem natürlich ungebremst vors Visier! Selbstverständlich hatte ich mich zwar bei Beerdigungen berufsmäßig schon oft mit dem Sterben beschäftigt. Aber Fragen blieben: Wo ist man nach dem Sterben? Wie ist das, in so einem engen Sarg liegen zu müssen? Was kommt eigentlich danach? Bewahrheitet sich meine christliche Hoffnung auf ein ewiges Leben? Werde ich wirklich Gott gegenüberstehen? Werde ich wirklich „noch heute im Paradies sein", wie es Jesus vorausgesagt hat? Was wird aus meinen Kindern und aus meiner Frau?

Dazu kam noch eine andere Angst: Habe ich mir mit dieser fiktiven Deadline nicht selbst ein Grab ausgehoben? Was, wenn es dieses Phänomen von *selbsterfüllender Prophezeiung* gibt? Viele haben mich auch darauf angesprochen, mich davor gewarnt. Ich hatte Angst! Selbsterfüllende Prophezeiung bezeichnet das Phänomen, dass ein erwartetes Verhalten durch eigenes Verhalten herbeigeführt wird. Würde ich mich also durch das Datum 16.04.2016 so auf eben dieses konzentrieren, dass mir entweder an diesem Tag Fehler unterlaufen, etwa im Straßenverkehr, die lebensgefährlich sind? Würde sich etwa mein Herz – oder mein Kreislauf – so darauf einstellen, dass sie sich am 16. 04. 2016 einfach verabschieden? Könnte mein Gehirn alles selbstständig abschalten, wenn es nur lang genug darauf getrimmt ist? Kann man die lebenserhaltenden Prozesse durch solche leichtfertigen gedanklichen Spiele so programmieren, dass zur Deadline wirklich das Licht ausgelöscht wird?

Können wir unseren eigenen Tod programmieren? Sterben wir nur deshalb, weil wir uns einbilden, sterblich zu sein? Sterben wir, weil wir die Endlichkeit ständig an anderen erleben?

Meine christliche Überzeugung hat einen anderen Überlebens- und Sterbeansatz. Leben und Sterben hat eine für uns unverfügbare Logik, folgt in der Regel einer externen Programmierung.

Leben und Sterben steht beim besten Willen nicht im eigenen Ermessen. Worte aus der Bibel wie „Meine Zeit steht in deinen Händen" (Psalm 31,16) waren ein fester Zuspruch. Ein innerer Halt! Oder Psalm 139,16: „Deine Augen sahen mich, als ich noch nicht bereitet war, und alle Tage waren in dein Buch geschrieben, die noch werden sollten und von denen keiner da war." Ein klares Votum dafür, dass Gott letzten Endes über unsere Deadline bestimmt und verfügt. Selbsterfüllende Prophezeiung hat nicht mehr Macht als die Bestimmungen Gottes. Das war mir ein Trost.

54

Dennoch war ich gespannt, wie sich die Gedanken entwickeln. Welche Macht sie über das Verhalten haben werden. Über Vorkehrungen. Kann es sein, dass das Gehirn Befehle zum Sterben erteilt? Etwa an das Herz? An die anderen Organe? Geht eine Order vom Hirn aus: „Herz, am 16.04.2016 um 14.32 Uhr ist Schluss. Hör mit dem Schlagen auf!" Die Angst war da. Und die Ungewissheit. Gutes Zureden zu mir selbst war nicht! Aber gehört das nicht irgendwie dazu, wenn man gelehrt wird, dass man sterben muss (Psalm 90,12) Gehört das zum „Klugwerden"?

Gewiss: Ich habe den 16.04.2016 überlebt. Ich weiß im Nachhinein: Ich konnte mein Sterben mit nichts beeinflussen. Meine Gedanken sind nicht stärker als die Gedanken Gottes. Wenn er will, dass ich lebe, lebe ich. Wenn er will, dass ich sterbe, sterbe ich. Ohne mein Zutun.

Aber vielleicht ist es schöpfungsbedingt und gehört zu unserer menschlichen, sterblichen Natur, klar vor Augen zu haben, dass wir sterben werden. Keine „selbsterfüllende Prophezeiung", aber eine Prophezeiung, die uns schon im Alten Testament ereilt hat: „Da sprach der Herr: Mein Geist soll nicht immerdar im Menschen walten, denn auch der Mensch ist Fleisch. Ich will ihm als Lebenszeit geben hundertundzwanzig Jahre" (1. Mose 6,3). Im Psalm 90,9-10 heißt es: „Darum fahren alle unsre Tage dahin durch deinen Zorn, wir bringen unsre Jahre zu wie ein Geschwätz. Unser Leben währet siebzig

Jahre, und wenn's hoch kommt, so sind's achtzig Jahre, und was daran köstlich scheint, ist doch nur vergebliche Mühe; denn es fähret schnell dahin, als flögen wir davon." Der Tod vor Augen ist nichts, was wir uns selbst prophezeit hätten, sondern was von Gott selbst gesetzt ist. Klar, hätte ich mich an diese biblischen Aussagen halten können: Deadline mit 120, oder schon mit 80 Jahren. Hätte meine Kinder aus dem Haus gehen sehen, hätte mit meiner Frau die Goldene Hochzeit gefeiert, hätte meinen Ruhestand genießen können! Aber das ist so ungreifbar. Es hätte keine Auswirkungen gehabt auf mein Leben hier und jetzt. „Wir bringen unsre Jahre zu wie ein Geschwätz!" – so ist es. Ganz nüchtern!

Dass sich daran etwas ändert, garantiert das Phänomen der selbsterfüllenden Prophezeiung. Wissenschaftlich ist belegt: Sie verändert mein Verhalten und meine Einstellung. Der Glaube an die Vorhersage prägt mein Tun und Lassen. Eine Eigendynamik entsteht. Und die scheint die Dynamik, die der alte Bibeltext in mir nicht mehr auszulösen vermag, zu befördern.

Die Gedanken an die konkrete Deadline hatten nicht genug Macht, um die Lebensprozesse zu beenden. Denn das steht in der Hand des Schöpfers. Aber sie hatten Macht, die übrigen Gedanken neu zu ordnen und zu bestimmen! Ich wollte nicht, dass ich am Abend des Tages bilanzieren muss: unzufrieden, mangelhaft, nichtig, unbedeutend, gegenstandslos, unerheblich, uninteressant, unmaßgeblich, unwichtig, grundlos, hinfällig, belanglos, irrelevant, nebensächlich, nichtssagend, minderwertig, wirkungslos, bedeutungslos, gehaltlos, sinnlos, alltäglich, wertlos, fade, gehaltlos, gleichgültig, unzufrieden, unwesentlich, nebensächlich.

Ich wollte positiv denken, zufrieden und im Haben sein: befriedigt, wertvoll, sinnvoll, sinngemäß, wesentlich, brillant, nachhaltig, ansehnlich, tauglich, denkwürdig, dauerhaft, edel, einmalig, geschätzt, unersetzbar, vorteilhaft, vortrefflich, wichtig, ausgezeichnet, wesentlich, bedeutend, gewichtig, weitreichend, bemerkenswert, entscheidend, lebenswichtig, erwähnenswert, beachtenswert, vorzüglich, namhaft, weitreichend, relevant!

Ist das verwerflich, so zu denken? Das Gleichnis von den anvertrauten Talenten lehrt mich eines Besseren! Matthäus 25,14-29.: „Denn es ist wie mit einem Menschen, der außer Landes ging: Er rief seine Knechte und vertraute ihnen sein Vermögen an; dem einen gab er fünf Zentner Silber, dem andern zwei, dem dritten einen, jedem nach seiner Tüchtigkeit, und zog fort. Sogleich ging der hin, der fünf Zentner empfangen hatte, und handelte mit ihnen und gewann weitere fünf dazu. Ebenso gewann der, der zwei Zentner empfangen hatte, zwei weitere dazu. Der aber einen empfangen hatte, ging hin, grub ein Loch in die Erde und verbarg das Geld seines Herrn. Nach langer Zeit kam der Herr dieser Knechte und forderte Rechenschaft von ihnen. Da trat herzu, der fünf Zentner empfangen hatte, und legte weitere fünf Zentner dazu und sprach: Herr, du hast mir fünf Zentner

57

anvertraut; siehe da, ich habe damit weitere fünf Zentner gewonnen. Da sprach sein Herr zu ihm: Recht so, du tüchtiger und treuer Knecht, du bist über wenigem treu gewesen, ich will dich über viel setzen; geh hinein zu deines Herrn Freude! Da trat auch herzu, der zwei Zentner empfangen hatte, und sprach: Herr, du hast mir zwei Zentner anvertraut; siehe da, ich habe damit zwei weitere gewonnen. Sein Herr sprach zu ihm: Recht so, du tüchtiger und treuer Knecht, du bist über wenigem treu gewesen, ich will dich über viel setzen; geh hinein zu deines Herrn Freude! Da trat auch herzu, der einen Zentner empfangen hatte, und sprach: Herr, ich wusste, dass du ein harter Mann bist: Du erntest, wo du nicht gesät hast, und sammelst ein, wo du nicht ausgestreut hast; und ich fürchtete mich, ging hin und verbarg deinen Zentner in der Erde. Siehe, da hast du das Deine. Sein Herr aber antwortete und sprach zu ihm: Du böser und fauler Knecht! Wusstest du, dass ich ernte, wo ich nicht gesät habe, und einsammle, wo ich nicht ausgestreut habe? Dann hättest du mein Geld zu den Wechslern bringen sollen, und wenn ich gekommen wäre, hätte ich das Meine wiederbekommen mit Zinsen. Darum nehmt ihm den Zentner ab und gebt ihn dem, der zehn Zentner hat. Denn wer da hat, dem wird gegeben werden, und er wird die Fülle haben; wer aber nicht hat, dem wird auch, was er hat, genommen werden. Und den unnützen Knecht werft in die Finsternis hinaus; da wird sein Heulen und Zähneklappern."

Waren diese ersten beiden Knechte nicht die, die sich an einer „Deadline" orientiert und das Beste aus dem Anvertrauten herausgeholt haben? Die sich mit ihren Gaben und Talenten eingesetzt haben, sich um „Zufriedenheit" sorgten? Ist der letzte Knecht nicht der, der ohne Deadline vor sich hinvegetiert, Lebenszeit verbringt wie ein Geschwätz, sich um nichts sorgt und genau deshalb Heulen und Zähneklappern erlebt? Heulen und Zähneklappern entspricht wohl diesem: Wenn man sich überlegt: „Hätte ich doch nur ..."; „Könnte ich noch einmal von vorn anfangen ..."; „Wenn ich doch bloß ...". Am Schluss hilft kein Wenn und kein Aber. Aber *vor* dem Schluss hilft das Wenn und Aber! Es setzt dank einer Deadline Kräfte frei, die anvertraute Lebenszeit mit Gaben und Talenten bestmöglichst zu gestalten und zu entfalten!

Halbzeit(bilanz)

Inzwischen war das Jahr 2014. Halbzeit. Noch zwei Jahre. Das schlimmste: Immer wieder waren die Tage völlig normal. Völlig gleich-gültig. Nichts Besonderes. Trotz Deadline wurden viel zu viele Stunden zum „Ableben". So wie man bestimmte Tätigkeiten „abarbeitet" – ohne Lust, Laune und Leidenschaft. Es wurde so viel oberflächlich. Selbst eine Deadline bewahrt nicht davor, das Leben aus den Augen zu verlieren, zum Gewohnten, Oberflächlichen zurückzukehren, oder in Lebensgewohnheiten zurückzufallen, die man eigentlich ändern wollte.

Aber die Deadline hängt nach wie vor wie ein Damoklesschwert über einem. Immer wieder kleine „Trigger", kleine „Auslöser", die in die harte Realität zurückholen: Das Leben ist kurz, es sind noch zwei Jahre! Und das war immer wieder neu ein Aufwachen, ein Wachgerütteltwerden, ein Rippenstoß, eine Mahnung, ein Tritt in den Hintern, ein Aufruf, ein Hinweis. Unüberhörbar, unvergesslich wurde die Deadline mein Wegbegleiter und meine Entscheidungshilfe.

Statt 1270 Tagen war nur noch die Hälfte übrig: 635! Im Rückblick auf die zwei vergangenen Jahre war viel passiert. Das war gut. Entscheidungen waren getroffen statt vertagt worden. Gaben und Talente eingesetzt statt vergraben. Oft stand am Ende des Tages eine Bilanz: War der Tag gut? War er so, wie ich ihn mir vorgestellt hatte? War ich im Soll? Oder doch im Haben? Hat er sich gelohnt? Müsste der nächste Tag noch sein, um Dinge zu erledigen, die noch unerledigt waren? Oder konnte man ein Häkchen an den Tag machen, weil alles gut war? Es ist ein wunderbares Gefühl, sich abends zu Bett zu legen, beruhigt einzuschlafen, weil man weiß: Man bräuchte nicht mehr an Zeit. Die bisher anvertraute, geschenkte Zeit ist erfüllt gewesen, freudevoll, glückselig und ausgefüllt.

Hirnforscher erklären, dass das Sterben meistens ein Prozess ist. Zu dem aus vielen neurologischen Besonderheiten auch der sogenannten „Film des Lebens" gehört. Das Gehirn ruft die ganzen Erinnerungen ab und projiziert sie vor dem inneren Auge wie ein Film. Vor dem Sterben, wenn das Gehirn ganz normal funktioniert, spielt sich so ein Film nicht bewusst ab. Warum sich nicht also schon zu Lebzeiten mit diesem Film beschäftigen? Warum nicht alles dafür zu tun, damit dieser Film abläuft? Also zum Beispiel ein Drehbuch dafür zu schreiben. Vielleicht entsteht dann ja großes Kino!

Gesagt, getan!

Großes Kino: Der Lebensfilm!

Immer wieder waren diese zwei Jahre bis zum 16. 04. 2016 vom Gedanken an diesen Film geprägt. Je mehr ich in meinem Drehbuch zusammentrug, desto mehr Details kamen zum Vorschein. Immer neue Situationen, Szenen, an die ich mich in der Schnelllebigkeit gar nicht mehr erinnert hatte. Neue Mitspieler traten auf. Spielten wieder eine Rolle. Vieles erschien spannender, als es zunächst den ersten Eindruck machte. Vieles bekam Bedeutung. Manches erschien im neuen Licht, bekam plötzlich Sinn.

Halbzeitbilanz beinhaltete: Den Lebensfilm auf die Leinwand bringen. Kino im Kopf bedeutete zu sehen, was gelaufen war. Wieviel „kleine Tode" ich schon gestorben war. Wieviel ich an Erwartungen, Chancen, Hoffnungen und Wünschen begraben hatte.

Wo waren denn die Abschiede, und was machten sie mit mir? Wo waren die Klimmzüge im Leben, die ich gemeistert hatte. Wo waren die Brüche? Wer waren die Menschen, die mich zum Laufen brachten und mir an der Strecke zujubelten, oder sich abwandten? Was waren die Ziele im Leben? Wovon habe ich mein Leben lang geträumt? Was ist mit mir passiert nach diesem oder jenem Ereignis?

Also, an die Arbeit! Als Halbzeitbilanz war eine Art Drehbuch zu meinem Leben zu schreiben. Mit allen Zahlen, Daten und Fakten, die mich letzten Endes ausmachen und damit aber auch interessant machen:

Drehbuch „Einfach *ich* – mein Leben":

- 07.11.1969 geboren.
- 1975 Einschulung und Besuch der Grundschule bis 1979.
- Besuch der Realschule von 1979 bis 1984.
- Danach drei Jahre lang das Wirtschaftsgymnasium besucht, bis 1987.
- Ab 1987 ein Jahr lang ein theologisches Vorpraktikum gemacht in der Suchtkrankenhilfe der Zieglerschen, dem Ringgenhof.
- Von 1988 bis 1989 Sprachenstudium in Stuttgart: Latein und Griechisch.
- Ab 1989 bis 1994 Studium der ev. Theologie und Einstieg in die Rundfunkarbeit in Stuttgart.
- Von 1994 bis 1997 theologischer Mitarbeiter in der OASE, zunächst ein Zweitgottesdienst der ev. Kirchengemeinde, dann OASE-Gemeinde.
- Ab 1997 bis 1999 Vikar in Bad Liebenzell.
- Ab 1999 Pfarrer z. A. in Wilhelmsdorf.
- 2000 Gabriele geheiratet.
- Ab 2001 theologischer Referent beim Vorstand der Zieglerschen. Und Gemeindepfarrer.
- Ab 2003 Referent (100 %) bei den Zieglerschen.
- 2003 Geburt von Dominik. 2005 Geburt von Rebecca.
- 2005 Haus gebaut in Esenhausen.

- 2007 Geburt von Pascal. 2009 Geburt von Jeanetta.
- Von 2007-2010 Master-Studium in Bielefeld am Kompetenzzentrum für Diakoniemanagement „Diaconic Management".
- Seit 2015 Gemeindepfarrer in Aulendorf mit 50 Prozent und mit 50 Prozent weiterhin bei den Zieglerschen.

Ein Lebenslauf ohne große Ereignisse. Und doch war zwischen den Zeilen viel, was das Leben schön machte, aber auch anstrengend. Deshalb gehört zu dieser Bilanz der Versuch einer Auswertung. Jedes Drehbuch lebt von Regieanweisungen, Interpretationshilfen für weitere Entscheidungen der Darsteller, alles, was für die Handlung wichtig sein könnte.

Die Schulzeit verschafft mir bis heute Albträume. Ich hatte immer das Gefühl, nicht zu genügen, Ziele nicht zu erreichen. Spät reden gelernt, mit Sprachfehlern zur Therapie geschickt. Einige Jahre nur gestottert. In der Grundschule wurde ich wegen meiner Augenoperationen und der hässlichen Brillen gemobbt. Ich war der Außenseiter. Das wollte ich aufholen: Ich hatte mich in den weiterführenden Schulen intensiv als Klassensprecher und Schülersprecher engagiert, war mehr außerhalb des Unterrichts unterwegs – zum Missfallen der Lehrer, aber mit Wohlwollen des Schulleiters! Auch in der Gemeinde war ich im Auftrag des Herrn unterwegs: Kinderkirche, Jungschar, Freizeiten – zum Leidwesen meiner Eltern, aber zum Wohlgefallen der mir Anvertrauten! Das alles stärkte enorm mein Selbstbewusstsein, das ich in der Grundschulzeit eigentlich verloren hatte. Der frühe Klavierunterricht half mir, mich musikalisch zu entwickeln und meine Leidenschaft zu entdecken. Die Zeit vom Jugendlichen bis zum 35. Lebensjahr war geprägt von „väterlichen Freunden": Menschen, die sich um mich angenommen hatten, väterlich, seelsorgerlich. Mich geprägt, gefördert und gefordert hatten. Die an mich geglaubt haben und mir halfen, meine Gaben und Talente zu entdecken. Es war aber auch immer wieder die Zeit der Abschiede, mancher dieser Freunde starb: An einem plötzlichen Herztod. An einer schweren Krebserkrankung.

Auf dem Wirtschaftsgymnasium lernte ich meine erste große Liebe kennen: Fast 13 Jahre lang waren wir befreundet. Am Ende waren wir fast schon wie ein altes Ehepaar☺! Das Abitur habe ich geschafft – mit Hängen und Würgen. Genau mit dem Schnitt, um das Studium der Theologie in Angriff zu nehmen, was ich mir von Kindesbeinen an schon immer gewünscht und in den Kopf gesetzt hatte. Obwohl ich kurz damit schwanger ging, Betriebswirtschaftslehre (BWL) zu studieren. Mein Lehrer in BWL hatte mich sehr beeinflusst. Und er pochte auf Karriere. Er hämmerte mir die Überzeugung ein: „Du musst bis zum 30. Lebensjahr aufgebaut haben, wovon und für was du leben willst!" Aber ich entschied mich doch für die Theologie. Schließlich war das mein Kindheitstraum! Und es galt: Früh übt sich. Ich hatte als sechsjähriger Bub Gottesdienste „nachgespielt". Auf dem

65

Dachboden wurde eine Kuscheltiersammlung zu einer Kuscheltiergemeinde, die meine endlosen Predigten, die ich von einer selbstgebastelten Kanzel zelebrierte, über sich ergingen ließen.

Auch das Theologiestudium habe ich mit Hängen und Würgen geschafft. Gerade der Durchschnitt, den ich benötigte, um von der Kirche in den Pfarrdienst aufgenommen zu werden. Selbstbewusstsein erlangte ich durch die Radio- und Fernseharbeit in Stuttgart. Ein Freund hatte mich drauf aufmerksam gemacht. Ich absolvierte in den Semesterferien viele Praktika und Hospitanzen. Zum Leidwesen meiner Professoren und Dozenten, aber mit voller Rückendeckung durch einen väterlichen Freund, Prof. Dr. Gerhard Maier. Für drei Radiobeiträge bekam ich 1999, 2000 und 2002 den Landesmedienpreis. Boah, das war ein Erfolgserlebnis, und das hatte so vor mir noch keiner geschafft – und nach mir auch keiner. Vom Preisgeld kaufte ich mir damals ein eigenes Studio, indem ich noch mehr Radio machen konnte, und Musik – eigene Aufnahmen ... das war ein Abenteuer und ein Erlebnis! Meiner Frau nahm ich Liebeslieder auf. Mehrstimmig! Schöner als jede CD, die danach erschien☺! Während meiner Zeit in Wilhelmsdorf lernte ich einen Therapeuten auf dem Ringgenhof kennen – er war auch leidenschaftlicher Musiker. Mit ihm entstand das Duo *Saitenwind* und die erste veröffentlichte CD. Was für ein Lebensabschnitt! Die Zeit mit den Alkohol- und Drogenpatienten: Sie hat mein

Leben geprägt. Ich habe vor lauter Zuhören und Mitleiden, vor heftigsten Lebensschilderungen und persönlichen Schicksalen in dieser Zeit das Weinen verlernt. Kurz überlegte ich sogar, Psychologie zu studieren.

Zwei unverhoffte Erlebnisse aus heiterem Himmel ließen mich aber bei der Theologie bleiben: Zwei Menschen, die mir unbekannt waren, kamen – einmal auf einem Parkplatz nach dem Einkaufen, einmal in einem Hotel – zu mir und sagten mir auf den Kopf zu, dass ich wohl mal Theologie studieren werden würde und Pfarrer werde. Da war ich platt! Woher wussten sie das? Für mich unbegreiflich und so eine Art *Engel der besonderen Art*. In den letzten Monaten des Theologiestudiums hatte wieder ein Engel der besonderen Art, ohne mein Wissen, seine Fühler nach mir ausgestreckt. Diesmal ein männlicher Engel: Prof. Dr. Jörg Knoblauch. Er bat mich, nach dem Studium nach Giengen zu kommen, um in der von ihm mitgegründeten OASE mitzuarbeiten. Nächtelang waren wir zusammen. Schrieben zusammen Bücher, initiierten Kongresse und Tagungen. Was für ein väterlicher Freund und Förderer! Und er half mit, in und mit der OASE den bundesweit ersten Internetgottesdienst „Skyline" ins Leben zu rufen. Was für ein Projekt! Was für eine Chance! Was für wertvolle Erfahrungen in meiner medialen Laufbahn! Er brachte mich auch mit wichtigen Leuten aus der Medienbranche zusammen: Norman Rentrop, der Gründer von Bibel TV, Dr. Robert Schuller, der Gründer von Hour of Power, dem lange

Zeit weltweit bekanntesten und größten Fernsehgottesdienst. Welch ein Vorrecht, mit solchen Menschen
zusammenzukommen und ihr Lebenswerk zu sehen.

Bei den Zieglerschen kümmerte ich mich um das
geistliche Leben im Unternehmen. Eine „Firma" mit
heute fast 3500 Mitarbeitenden, alle in diakonischen
Aufgabenfeldern unterwegs. Sie ermöglichten mir auch
ein zweites Studium: Diakonie-Management. Für die
Zieglerschen durfte ich auch zwei Fernsehgottesdienste
mit dem ZDF gestalten. Und danach nochmals zwei!
Das war einzigartig. In der Regel darf man als Pfarrer nur
einen Fernsehgottesdienst in seiner beruflichen Laufbahn gestalten. Aus diesen ZDF-Gottesdiensten ist der
Wunsch entstanden, selbst einen Fernsehgottesdienst zu
initiieren. Aber ich hatte noch keine Ahnung, wie. Bis
dann eines Tages die Anfrage von Bibel TV kam, der
Vorstand mir 40.000 Euro pro Jahr genehmigte und wir
die Arbeit von *Stunde des Höchsten* in Angriff nahmen.

Warum der Lebensfilm zur Deadline gehört

Interessanterweise laufen solche „Lebensfilme" auf dem Sterbebett ab, oder dann, wenn Lebensgefahr besteht. Problematisch ist nur, dass man im ungünstigsten Fall keine zweite Folge mehr drehen kann. Es bleibt keine Zeit. So ist es gut, sich das Drehbuch zum ersten Film rechtzeitig anzusehen.

Plötzlich entsteht großes Kino: Da lief er, mein Lebensfilm. Das Leben bis zur Deadline ist wie der Pilotfilm zu einem Film mit mehreren Folgen. Die Biographie ist quasi das Drehbuch zur ersten Folge. Nach der Deadline entstehen die zweite und weitere Folgen. Dabei muss an das angeknüpft werden, was bisher passiert ist. In jeder guten Krimiserie gibt es vor den weiteren Folgen Rückblicke „was bisher geschah".

Für mich hieß die Beschäftigung mit dem Drehbuch zum einen zu sehen, dass vieles gut war! Es war nicht alles schlecht! Das Leben hat tolle Szenen gehabt. Aber es war auch zu sehen, dass es an einigen Stellen natürlich hätte anders laufen können. Oder da ist etwas abgebrochen, was in Vergessenheit geraten ist. Da könnte man weitermachen! Das sollte man sich nochmals genauer anschauen. Da sollte man dran bleiben. Das war nicht gut. Diese oder jene Szene müsste nochmals neu gedreht werden. Hier oder dort lohnt es sich, nochmals neu aus-zuleuchten. Licht ins Dunkel zu bringen. Diese oder jene Szene ist zwar angelaufen, aber noch nicht zu Ende. Erinnern Sie sich an das Gedicht „Wenn ich mein Leben noch einmal leben dürfte ..." Wenn der Lebensfilm am Lebensende abläuft, bleibt keine Zeit, eine neue Folge des Films zu drehen. Jetzt aber, nach einer fiktiven Deadline können Sie als Lebensfilm-Autor umsetzen, was Sie wollen! Was Ihnen wichtig ist! Ihre Entscheidung!

Ein kleiner Nebeneffekt ist bei solch einer biographischen Beschäftigung: Ich werde mir meiner interessanten und uninteressanten Lebensereignisse bewusst. In jedem Fall hilft es zu entdecken, dass auch *mein* Leben interessant ist!

In meiner journalistischen Tätigkeit habe ich eines gelernt, was mir für die Fernsehgottesdienstarbeit heute unerlässlich ist – ja das Wichtigste: Jeder Mensch ist interessant genug, um interviewt zu werden. Dazu braucht man keinen großen Namen zu tragen. Viele Menschen habe ich schon zu Interviews angefragt. Oft habe ich gehört: „Ach, was wollen Sie da fragen. Bei mir gibt es nichts Interessantes!" Doch! Jeder Mensch ist interessant und damit auch wichtig! So wichtig, dass andere mehr darüber erfahren möchten! Sich dieser Wichtigkeit bewusst zu werden, dazu hilft solch einer Biographie! Das, was Sie sind und erlebt haben, ist für andere interessant! Für mich gilt: Jeder Mensch ist ein interessanter Talk- und Interviewgast.

Sich dessen bewusst zu werden, dass ich interessant und wertvoll bin, dazu kann solch ein Drehbuch, das man über sich schreibt, helfen. Es hilft, früheste Erfahrungen und Erlebnisse wiederzufinden. Es hilft, die einzelnen Wurzeln zu begreifen, inklusive Prägungen, Verhaltensmustern und Denkweisen. Es hilft, Begabungen und Nichtbegabungen zu entdecken. Was kann ich, was muss ich nicht können? Wie oft haben mir die väterlichen Freunde auf die Sprünge geholfen, indem sie mich herausgefordert haben. Indem sie mich gefördert haben. Mach dies, tu jenes. Versuch es! Aber auch, indem sie gesagt haben: Lass die Finger davon. Das ist nicht deins. Das passt nicht!

Eine Biographie hilft mir zu erforschen, was schon immer meine Leidenschaft und was noch nie mein Steckenpferd war. Dabei entdeckt man eigene Antriebe, Motivationen, Schaffenskräfte. Erfolgserlebnisse helfen, die Gefühlswelt ins Gleichgewicht zu bringen. Es gibt so viele Brüche im Leben, Zeiten des Scheiterns: Prüfungen, Bewerbungen, Beziehungen. Dabei aber zu sehen: Es ist eigentlich viel mehr gelungen, als nicht gelungen. Das hilft, Frieden zu schließen mit den vielen kleinen Toden, die man schon gestorben ist: Wenn man Ziele, Wünsche, Träume begraben musste. Während der Schulzeit war ich ein sehr erfolgreicher Sportler. Mit vielen Erfolgen. Ich wollte das eigentlich professionalisieren. Wollte es weit bringen: im Leichtathletik, im Tischtennis. Heute sehne ich mich nach sportlicher

Betätigung. Konkret: Da habe ich einen großen Friedhof mit lauter kleinen Gräbern. Viel musste ich begraben von den Träumen und Wünschen in Sachen Sport.

Ich muss wissen, wie die Hauptperson ist, wie sie tickt. Wo sie herkommt. Damit ich Entscheidungen fällen kann. Denn eine Deadline fordert nichts anderes als Entscheidungen. Keine, die man auf die lange Bank schiebt, sondern solche, die man mutig und risikobereit trifft! Wohlwissend, dass nicht alles gelingt, nicht alles perfekt wird. Aber Entscheidungen müssen gefällt werden – unausweichlich, unaufhaltsam, unumgänglich. Das macht die Deadline deutlich.

Jetzt sind Sie dran!

Ich möchte Sie ermutigen, über das eigene Sterben nachzudenken. Wie Sie einen Urlaub planen mit Datum, einen Hausbau planen – mit Datum; eine Hochzeit planen – mit Datum; einen Ausflug planen – mit Datum. Denken Sie über Ihr Sterben nach – mit Datum! Und begeben Sie sich auf einen Prozess des Klugwerdens: Entscheidungen zu treffen, was wirklich wichtig ist, und was nicht wichtig ist.

Schreiben Sie auch das Drehbuch zu Ihrem Lebensfilm. Entdecken Sie: Sie sind Autor Ihres Lebens! Niemand sonst! Schreiben Sie mit Zahlen, Daten, Fakten, alle Ereignisse. Entdecken Sie, dass Ihnen dadurch immer mehr bewusst, das Leben immer runder wird. Entdecken Sie den roten Faden! Schreiben Sie mit allen Regieanweisungen. Nennen Sie wichtige Personen mit Namen. Lesen Sie zwischen den Zeilen und notieren Sie, was die Abschnitte mit Ihnen gemacht haben. Zu was für einer Persönlichkeit, zu welchem Charakter Sie geworden sind. Legen Sie Wert auf das, was am Rande geschah. Was Ihnen gelungen ist. Entdecken Sie den roten Faden oder die roten Fäden in Ihrem Leben. Vielleicht fällt Ihnen ja sogar der Titel zu Ihrem Lebensfilm ein. Meine Lieblingsfrage an die Gäste, die ich schon interviewen durfte, ist: Was ist Ihr Überlebensmotto? Ihre Überlebensphilosophie? Was ist Ihr Lebensthema? Genau das könnte der Filmtitel werden! Aber das ist nur der erste Teil Ihres Drehbuches! Das ist, was *bisher* geschah. Am Ende des Buches, als Perspektive aus der Deadline, sollte ein zweiter Teil des Drehbuches entstehen!

Schneller als erwartet!

Der 16. 04. 2016 kam schneller als erwartet. Zugegeben: Manches Mal hatte sich mein innerer Schweinehund veranlasst gesehen, diese Deadline zu streichen. Vergessen zu machen. Aber es gelang nicht. Das Datum war festgesetzt. Ob ich es wollte oder nicht: Ein Drumherummogeln war nicht möglich! Ein Wegdenken gab es nicht – wenn, dann nur ein kurzfristiges Ablenken. Im Nachhinein muss ich sagen: Gott sei Dank. Denn es hat mich Lektionen gelernt, die ich sonst nicht gelernt hätte, und die ich niemandem abgenommen hätte.

Die Woche vor dem 16. 04. 2016 war wie gewohnt in Sachen Kalender gut gefüllt: Gottesdienste, Fernsehaufzeichnungen, Unterricht, Besprechungen usw.

Montagmittag kam es zu einer interessanten Begegnung: Ich hatte Samuel Koch in unseren Fernsehgottesdienst eingeladen. Zunächst zu einer Lesung. Über 700 Interessierte waren in die Stadthalle gekommen, um ihn zu hören. Darunter viele Menschen im Rollstuhl. Samuel las aus seinem Buch „Rolle vorwärts". Zwischendurch sang seine Verlobte, die er noch in diesem Jahr heiraten wollte, Sarah Eliana Timpe. Beeindruckend, wie sich die beiden auf der Bühne und privat zeigen: Eine bildhübsche junge Frau, die Karriere als Schauspielerin macht, lässt sich auf eine Beziehung mit einem querschnittgelähmten, ebenfalls sehr gut aussehenden, aber bewegungsunfähigen Samuel Koch ein. Und sie sind ein Herz und eine Seele. Nicht nur im Showbusiness, sondern auch hinter den Kulissen!

Ich hatte die Freude, auch Sarah noch für den Fernsehgottesdienst zu interviewen. Natürlich stellte ich ihr auch die Frage, wie das für sie ist, sich auf einen querschnittgelähmten Menschen einzulassen. Ihre Antwort war spannend. In ihrer Fernsehrolle in der Soap „Stürmische Liebe" spielte sie eine junge Frau, die nach einem schweren Verkehrsunfall querschnittgelähmt an den Rollstuhl gebunden ist. Sie erleidet tiefe Depressionen, will ihrem Leben ein Ende bereiten. In dieser Zeit trifft sie auf Samuel Koch, der ebenfalls eine kleine Rolle in der Soap bekam. Er als Querschnittgelähmter hatte die Aufgabe, sie zu trösten, sie „wiederzubeleben". Auf diese Rolle, so sagte Sarah, hatte sie sich intensiv vorbereitet. Wochenlang habe sie Menschen im Rollstuhl beobachtet. Sich mit Querschnittgelähmten unterhalten, sie begleitet, sich in ihre Lage hineinversetzt. Diese intensive Beschäftigung hat sie letzten Endes auf die Beziehung zu Samuel vorbereitet, mit dem sie dann nach den gemeinsamen Dreharbeiten eine Freundschaft begann. Das fand ich interessant: Auch sie hatte sich intensiv mit einer für sie fiktiven Situation auseinandergesetzt. Und es hat ihr geholfen, danach mit eben jener Situation klar zu kommen. Mehr zu wissen, tiefer zu sehen, vorbereitet zu sein, Verständnis zu haben usw. Ich denke, so ist auch diese „fiktive Deadline" eine Möglichkeit, mehr über das Leben und das Sterben zu erfahren, die Zeit neu zu entdecken mit ihren Kostbarkeiten, die Chancen zu nutzen, und alles in allem nicht unvorbereitet, sondern gewappnet zu sein.

Auch das Gespräch mit Samuel hatte es in sich. Vor allem hat mich folgende Aussage von ihm fasziniert, Zitat: Dazu versuche ich zum Beispiel regelmäßig Dankbarkeitslisten zu erstellen. Ich zähle mir – ein bisschen selbstmanipulativ – Dinge auf, für die ich dankbar bin: Sei es die Schönheit der Schöpfung oder die Entdeckung der Mikrowellen, die so schnell ein Kirschkernkissen aufheizen können, das dann meinen Nacken wärmt. Oder meine Wohnung, warme Socken, Saunas, Vogelgezwitscher am Morgen, Chris, Jonathan, Seb, Alex, Sarah, Gergö, Facebook, Touch-Displays, Mama, Papa, mein Bruder, Naomi, meine Schwestern und ihre hoffentlich guten Jungs, Cousinen, Cousins, Oma und Opa, Onkel und Tanten, Bavaria, Ufa, Til, Christoph, Psychotherapie, Simon, Isa, Sonnenaufgang, Sarah, Fahrtwind, Manuel, Pfefferminztee, Kunstturnen, Meike, Heinz Erhardt, Kinder, mein Auto, David, eine besondere Mail, meine Trainingsgeräte, Jan, Uli, Robert, Gaffer-Tape, Bennyboy, Markus, Badewannen, Godwin, Carlos, Spülmaschinen, Harfsts, Mündigkeit, Müdigkeit, kurze, nette Briefe, meine Stimme, Tiefensensibilität, schöne Träume, eine Festanstellung, Gottesdienst, Assistenten,

Schwimmbad, Marja, Bildung, Fotos, Skype, Late Check-out, Sarah, Bananensplit, Sprühflaschen, keine Rechnungen im Briefkasten … Und wenn ich erst mal damit anfange, bin ich jedes Mal neu überrascht, wie viele Dinge es tatsächlich gibt, für die ich dankbar bin."[3]

Wenn ich mir selbst überlege, welches für mich das häufigste Gefühl war, welches in Sachen Deadline aufkam, dann die Dankbarkeit. Noch Zeit zu haben, noch schöne Dinge erleben zu können, die Kinder lachen hören, spielen sehen, mit ihnen zu kuscheln. Meine Frau fest im Arm zu halten, mit ihr ein gutes Glas Wein zu trinken. Eine unverhoffte Nachricht eines Freundes über Facebook gepostet zu bekommen. Alles Dinge, die plötzlich an Wert gewinnen, weil sie eben nicht selbstverständlich sind, weil sie nicht für immer möglich sind. Was für ein Privileg, wenn sich die Dankbarkeit im Leben breit macht! In der Bibel wird oft vom „ewigen Leben" gesprochen. Ein besonderes Aha-Erlebnis für mich war die Entdeckung, dass der hebräische Mensch unter Ewigkeit keine endlose Zeit versteht, sondern eine besondere Tiefe des Augenblicks: Lebensqualität von unermesslicher Tiefe und Weite! In Prediger 3,11 steht ein wunderbarer Satz über den Schöpfer: „Er hat alles schön gemacht zu seiner Zeit, auch hat er die Ewigkeit in ihr Herz gelegt (…)" Das heißt: In uns wohnt das Gespür, die Vorstellung von Ewigkeit. Von einer ganz besonderen

---

3 Text aus: Samuel Koch, Rolle vorwärts © 2015 adeo Verlag, in der Gerth Medien GmbH, Asslar, www.adeo-verlag.de, mit freundlicher Genehmigung des Verlags.

Lebensqualität, die Gott in uns hineingepflanzt hat. Oft ersticken wir diese Sehnsucht unter schnell vergänglichem Müll und Schrott, den wir für das erhoffte Glück halten. Tiefe des Lebens, Erfüllung und Vorzüglichkeit entfalteen sich durch die Dankbarkeit. Dankbarkeit ist der Schlüssel zur Ewigkeit. Sie öffnet die Türen zu Kostbarkeiten und Habseligkeiten!

Noch eine Begegnung hatte ich in dieser Woche: Für Gottesdienste, die ich seit vielen Jahren einmal im Monat für unsere Mitarbeitenden und Freunde der diakonischen Arbeit anbiete, hatte ich mal wieder einen Künstler eingeladen. Er war schon x-mal bei uns. Kannte alle Gepflogenheiten und die Orte. Aber, im Gegensatz zu mir ist er ein sehr penibler Mensch, der alles ganz genau braucht: einen Vertrag, alle Straßen für das Navigationssystem, das ganze Drumherum. Ich fragte ihn, ob es nicht auch so gehen würde, da er doch schon alles kannte. Nein, sagte er, ich komme sonst nicht. Mein Adrenalinpegel war schon vor der Begegnung sehr, sehr hoch. Aber ich war ja selbst schuld, ich hatte mir schon so oft gesagt, ich lade ihn nicht mehr ein. Aber ich habe mich überwunden und ihn wieder engagiert. Die Gottesdienste mit ihm waren schön, aber die Gespräche zwischen den Terminen mühselig. Immer wieder kamen Vorwürfe: Ich hätte dieses nicht beachtet, mich daran nicht gehalten. Und was ich machen würde, sei ja ganz okay. Aber hier stimmt jenes nicht, dort dieses nicht. Oaaaah …, ich hatte so einen Hals. Der Groll setzte sich fest. Bis ich diese Deadline-Stimme hörte: Lohnt es sich, dass sich diese negativen Gefühle jetzt so breit machen dürfen? Dass sie so viel Raum einnehmen dürfen? Ist es klug, sich davon so niederziehen und bestimmen zu lassen? Ganz ehrlich: Wenn man auf seine Deadline zulebt (noch drei Tage bis zum 16. 04. 2016), dann gibt es wahrhaft Wichtigeres und Dringenderes, als sich mit solchen Gedanken auseinanderzusetzen.

„Freu dich doch an der schönen Musik, den tollen Texten, die du gehört hast. Nimm davon mit. Lass dich trösten und inspirieren. Das ist viel besser, als vom Unmut, der Bitterkeit, der Missstimmung und dem Ärger beherrscht zu sein!" Diese Deadline-Stimme hat Recht! Und sie hat das letzte Wort behalten. Der Ärger war nicht sofort verflogen, aber die Konzentration auf das Schöne, Wohltuende, auf die wohlwollenden Gedanken waren ein Segen und nahmen immer mehr Raum ein!

Irgendwann war einfach kein Platz mehr für üble Laune! Klar, immer wieder kann man sich im Leben überreden: „Mach das Beste draus"; „Nimm's nicht so tragisch!", „Denke positiv". Aber praktisch umsetzbar wird das tatsächlich mit einem Maß an Zeitdruck: einer Deadline!

13. 04. 2016 – noch drei Tage! Ich habe versucht, nicht an den Tag zu denken. Dann kam wie aus heiterem Himmel der Brief eines treuen Fernsehzuschauers, der regelmäßig seit Jahren unseren Gottesdienst mitfeiert. Er schrieb: „Lieber Herr Bräuning, ich habe mir vor vier

Jahren nach Ihrem Gottesdienst Ihre Deadline in meinem Kalender notiert. Jetzt fiebere ich mit Ihnen mit. Wie wird der Tag ausgehen? Ihnen und Ihrer Familie wünsche ich das Beste!"

Zack – da war es! Sehr präsent! In diesen Tagen waren viele Todesfälle in der Presse: Lothar Späth, Guido Westerwelle, Roger Cicero usw. Dem Tod war nicht auszuweichen. Und schon gar nicht den Gedanken an die eigene Deadline! Ab Donnerstagmorgen war ich verantwortlich für zwei Tage „Einführungstage für neue Mitarbeitende" bei uns im Unternehmen. 120 Leute, die unsere Tätigkeitsbereiche kennenlernen. Für mich immer eine große Freude, mit so vielen neuen Menschen zusammen zu sein und sie kennenzulernen. Jeder einzelne könnte Gast sein in unserem Fernsehgottesdienst *Stunde des Höchsten*, und wäre es wert, interviewt zu werden: Warum arbeiten Sie in der Diakonie? Warum mit behinderten Menschen? Was gibt Ihnen täglich Kraft, diese Arbeit im Dienst der Nächstenliebe zu tun?

Es sind allesamt wertvolle, einmalige Menschen! Dieses Mal sitze ich um 8.00 Uhr auf der Terrasse, die Kinder und meine Frau sind schon aus dem Haus. In einer Stunde geht's los. Zwei Tage vor der Deadline stelle ich mir die Frage:. Will ich das jetzt wirklich noch machen? Ist mir diese Arbeit wert genug, dass ich ihr meine Zeit widme?

Meine Antwort war klar: Ja! Ist sie. Absolut. Diese Frage hatte ich mir so bisher selten gestellt. Ist das, was ich heute zu tun habe, so viel Wert, dass ich ihr Stunden meiner Lebenszeit abgebe? Diese Frage müsste eigentlich ständig ganz intensiv bedacht, gestellt und natürlich beantwortet werden! Tun Sie in Ihrem Leben die Dinge, die Ihnen wirklich wichtig sind. Vergeuden Sie nicht Zeit mit dem, was Ihnen nicht wichtig ist. Machen Sie nur das, wozu Sie wirklich Lust haben! Meistens ist es auch das, was Sie wirklich können, was Sie drauf haben, was Ihre Gaben und Talente sind!

Es ist mir bewusst, dass es gefährlich ist, so etwas zu sagen: Sich von der Lust bestimmen zu lassen. Nach dem sogenannten Lustprinzip zu leben. Es bezeichnet das innerliche Streben nach sofortiger Befriedigung der ihm innewohnenden elementaren Triebe bzw. Bedürfnisse – so Sigmund Freud. Schon die Bibel weiß, was Lustkiller sind. In Sirach 11,28 heißt es: „Eine böse Stunde lässt alle Freude vergessen; und wenn der Mensch stirbt, tritt erst hervor, wie er gelebt hat." Lust: Das ist unsere Neigung, unser Verlangen, unsere Vorlieben, unser Faible, unser Geschmack, unser Liebhaberei, unser Steckenpferd, unsere Passion, unser Interesse. Das alles gehört zu uns! So sind wir geschaffen. Hätte Gott gewollt, dass wir anders sind, hätte er uns anders geschaffen – so sagt es schon Johann Wolfgang von Goethe. Und mit unserer Lust liebt er uns. Es gibt nichts Schöneres, als lustvolle Menschen, begeisterte Menschen zu erleben. Wie mühselig und armselig ist es, mit Menschen zusammen zu sein, die lustlos sind.

Selbstverständlich: Es gibt auch die Pflicht! Aber besteht das Leben nur aus Pflichten? Ich weiß, wenn „die Pflicht ruft", muss alles Gewehr bei Fuß stehen. Wenn „die Pflicht ruft", ist es Ehrensache und das Gebot der Stunde, ihr nachzukommen. Unser Pflichtgefühl dominiert. Wir sind pflichtbewusst! Das ist gut und in Ordnung. Aber vergessen wir die Lust nicht. Wer sich der Pflicht verschreibt, ohne Lust zu haben, der geht ein wie eine Primel ohne Wasser. Ja, die Deadline hat mir geholfen, mich immer wieder zu fragen, wozu ich Lust habe. Habe ich mehr Lust am Spielen mit meinen Kindern oder am Hausputz? Der Hausputz kann warten! Die Lust an den Kindern ist größer. Habe ich Lust auf die Arbeit, die tagtäglich zu tun ist? Lustlose Mitarbeiter sind überbezahlt. Sie können dem Unternehmen schaden. Das sollte mir bewusst sein. Ich sollte meine Arbeit nur tun, wenn ich Lust darauf habe. Wenn ich keine Lust dazu habe, sollte ich sie nicht tun, und mir die Arbeit suchen, die mir Lust macht! Experten nehmen an, dass 24 Prozent der deutschen Arbeitnehmer innerlich schon gekündigt haben. 24 Prozent, die keine Lust mehr haben. 24 Prozent, die dennoch arbeiten, obwohl sie lustlos und ohne Motivation sind. 24 Prozent, die Lust haben auf anderes, etwas Neues, etwas Erfüllendes. Endlich ihr Ding zu machen! Höchste Zeit, nach dem Lustprinzip zu leben! Lassen Sie sich vom Pflichtbewusstsein nicht die Lust verbieten. Entdecken Sie die Lust neu und tun Sie dann lustvoll Ihre Pflicht!

Das Lustprinzip wurde von Freud auch auf die Sexualität bezogen. Auch dies ist ein Thema, wenn es um die Deadline geht. Wenn das Leben am 16. 04. 2016 zu Ende wäre: Bin ich glücklich, ohne mit meinem Ehepartner guten Sex zu haben? Das wäre doch das Schönste, was in diesen letzten Stunden noch passieren könnte: Wenn ich meinen geliebten Menschen noch einmal lieben dürfte! Aber der Alltag ist so oft geprägt von Stress, Streit, kleinen Meinungsverschiedenheiten – die belasten das Liebesleben. Bei einer Frau muss bekanntlich alles stimmen, wenn sie sich auf Sex einlassen will. Da vergeht ihr schon mal die Lust, wenn der andere nach Nikotin oder Alkohol riecht, wenn der Streit mit den Kindern noch im Raum schwirrt, wenn unerledigte Dinge auf einen warten, die man vergessen hat, rechtzeitig zu klären. Wie heißt es im Volksmund: „Wer Sex haben will, muss freundlich sein." Frauen merken sofort: Ob ich nur freundlich bin, um Sex zu haben, oder ob die Freundlichkeit auch unabhängig von sexueller Lust ist. Ich habe den Eindruck, dass wir Männer tatsächlich freundlicher sein können, wenn wir lange Zeit keinen Sex hatten, und uns sehnlichst Intimität wünschen! Also: Nützen wir die Zeit, um freundlich zu sein. Und um nach dem Sex noch freundlicher zu sein!

Ich kann sagen: Die Zeiten der Intimität werden schöner und wertvoller, wenn mir die Deadline zeigt, dass die Zeit reif ist, sich anders zu benehmen, sich freundlicher zu verhalten und aufrichtig auch mal um

Entschuldigung zu bitten – rechtzeitig! Plötzlich erfüllt sich sogar wieder biblische Sexualkunde: „Komm, lass uns kosen bis zum Morgen und lass uns die Liebe genießen" (Sprüche 7,18). Auch das kam auf die Dankbarkeitsliste! Die Freundlichkeit hatte sich gelohnt!

Die Deadline hilft, wichtige Beziehungsfragen zu stellen und zu klären: Wie lange soll die Beziehung denn noch so laufen, wie sie läuft? Läuft alles aus dem Ruder? Läuft alles letzten Endes auseinander? Wer begleitet mich auf dem letzten Weg? Einsam und allein sterben? Was muss ich bis wann tun, um meinen Partner wieder für mich zu gewinnen? Was sind seine Bedürfnisse? Seine Vorlieben? Wie kann er sich neu für mich entscheiden? Wie führen wir unsere Beziehung? Haben wir genügend Zeit für uns? Geht alle Zeit drauf, um sich um die Kinder zu sorgen? Ist genügend Zeit für die Lust und das Prickelnde an einer Ehe?

Aber auch in die andere Richtung muss gefragt werden: Wie lange soll ich mir das noch antun? Wie lange soll ich mich noch missbrauchen lassen? Wie oft soll man mich noch hintergehen? Wie lange muss ich das alles ertragen? Wäre nicht jetzt ein Ende mit Schrecken besser, als ein Schrecken ohne Ende? Ja, auch aus der Sicht eines Seelsorgers ist das zu sagen: Unser Leben ist endlich. Es gilt auch zu überprüfen, wie wertvoll, sinnvoll und verheißungsvoll eine Beziehung (noch) ist.

Was ich nicht geschafft habe, und das ist das größte Versäumnis: Ich habe nicht geschafft, mit meiner Frau über die Deadline zu reden! Ich hatte ja vor zwei Jahren schon gehört, was sie darüber denkt. Aber es wäre wichtig gewesen, auch die letzten Dinge mit ihr zu besprechen!

Bei einem Krankenbesuch sagte mir der Ehemann im Beisein seiner Frau: „Wenn ich jetzt sterbe – und die Ärzte geben mir nur noch zwei Wochen – wie soll meine Frau das alles schaffen? Mit dem Haus, mit den Überweisungen, die Verträge mit der Bank, die Post, der Garten …?" Große Ratlosigkeit war da. Mehr noch an Ratlosigkeit ist dort, wo der Tod völlig unverhofft ins Leben tritt. Wenn keiner damit gerechnet hat. Weiß mein Partner über alle Dinge Bescheid? Wäre es nicht gut, sich ab und zu damit zu beschäftigen?

Tabuzonen einer Deadline

Die Deadline hat natürlich Grenzen: Wenn ich es gnadenlos durchgezogen hätte, mit allen Tiefen und Möglichkeiten, hätte ich mich bei meinen Kindern verabschieden müssen. Hätte ich mit meiner Frau alles bis ins Detail klären müssen. Was mir aber wichtig war: Die Deadline hat zunächst etwas mit mir persönlich zu tun. Zu allererst betrifft sie mich. Sie verändert mein Leben, mein Denken, mein Handeln. Und sie kann mich verändern: im Umgang mit meinen Kindern, mit meiner Frau, meinen Freunden, meiner Arbeit usw. Es ist bei einer Deadline nicht in erster Linie wichtig, alle Sterbeprozesse, alle Regelungen wie Vollmachten, Erbangelegenheiten, Testamente usw. perfekt abzuarbeiten. (Gut, vielleicht führt es am Rande dazu – das kann nicht schaden!) Bei einer Deadline, wie ich sie verstehe, geht es in erster Linie um mein Leben! Ich will nicht perfekt sterben, ich will glücklich leben!

So gab es also in diesem Deadline-Prozess eine Tabuzone: meine Kinder. Sie hätte ich mit Gesprächen über meinen Tod überfordert. Sie waren zu diesem Zeitpunkt noch zu klein. 2012 war die kleinste vier, der zweitjüngste sechs, die zweitälteste acht und der älteste zehn gewesen. Das wollte ich ihnen nicht antun. Es ging nicht darum, mit ihnen mein Sterben vorzubereiten, es ging darum, mit ihnen das Leben zu genießen!

Eine Tabuzone war mit der Zeit auch meine Frau: Für sie ist das Thema aus vielerlei Gründen tabu. Unter anderem, weil sie sagt, dass man mit so einem „Test" die verletzt, die tatsächlich gerade einen lieben Menschen verloren haben. Sie kennt aus ihrer Seelsorgepraxis genug Beispiele. Ich gebe zu: Ich bin noch nicht so ganz einer Meinung mit ihr. Aber das Thema soll natürlich auch nicht die Beziehung belasten. Das wäre genau das Gegenteil von dem Beabsichtigten: Es geht nicht darum, mit meiner Frau mein Sterben vorzubereiten. Es geht darum, mit ihr das Leben zu meistern und unsere Ehe in vollen Zügen genießen zu können. Sie hat mir vor kurzem so eine wunderschöne Postkarte geschenkt, die ihre Lebensphilosophie zusammenfasst: „Ich möchte mit dir alt werden – aber es hat keine Eile!" Ja, das ist eigentlich auch mein Wunsch. Und deshalb begleitet mich diese Karte im Auto, im Büro, im Reisegepäck. Was für ein Wunsch! „Ich möchte mit dir alt werden – aber es hat keine Eile!" Aber dieses gemeinsame Altwerden bedarf lebenslänglicher, zeitloser Bemühung. Und es braucht immer wieder neu die Bereitschaft und Dringlichkeit, Entscheidungen zu treffen! Deshalb *meine* Deadline: Meine Entscheidungen können nicht von meiner Frau gefällt werden. Ich muss entscheiden! Und dazu braucht es im wahrsten Sinne: Entscheidungshilfen. Und das war für mich die Deadine, meine Deadline!

Vielleicht ist das auch der Grund, warum ich mit der Deadline vor dem 16. 04. 2016 nicht hausieren gegangen bin. Ich habe, nachdem der Fernsehgottesdienst mit der Predigt über dieses Thema ausgestrahlt wurde, nie mehr in der Öffentlichkeit darüber gesprochen. Es war eine Sache, die nur mich betraf. Niemand anderes. Niemand anderes konnte mir dabei helfen, erfüllt zu leben und in Frieden zu sterben. Viel zu oft machen wir andere für unsere Situation verantwortlich. Viel zu oft suchen wir Schuldige, die zu unserer Lage beigetragen haben. Viel zu oft machen wir uns von Umständen oder Gegebenheiten in der Vergangenheit in Sachen Lebensglück und -zufriedenheit abhängig. Aber das Einzige, wo wir suchen und finden können, ist bei uns selbst! Ich selbst bin verantwortlich für mein Leben, meinen Zustand, meine Lage.

Letzte Dinge klären

Obwohl ich mir eine Deadline gesetzt habe, hatte ich vieles ungeklärt gelassen. Am Freitag, 15. 04. 2016, hatte ich mich entschieden, noch zu einer Sitzung nach Stuttgart zu fahren. Zugegeben, es war eine meiner seltsamsten Autofahrten: Die Deadline vor Augen fuhr ich so langsam und bedacht wie noch nie. Die Aufmerksamkeit ruhte immer auf dem Gegenverkehr. Wer kam mir entgegen? Begeht er eventuell einen Fahrfehler? Fällt was vom Lastwagen auf der Gegenspur herunter, was mich treffen könnte? Ich achtete genau auf den Vorausfahrenden. Ich hielt genügend Abstand ein: Wenn die Bremslichter zu sehen waren, stand ich schon auf der Bremse. Ich überholte kaum, wollte kein Risiko eingehen. Es war wohl die sicherste Fahrt meiner bisherigen Führerscheinkarriere.

Eigentlich nicht schlecht. Wie oft konzentriere ich mich beim Autofahren auf anderes, gehe Gedanken nach, schaue nach E-Mails, plane schon den nächsten Termin, höre gute Musik und bin im Geist wo ganz anders! Wie oft habe ich mir schon vorgenommen – nach erneuten Punkten in Flensburg oder *nur* einem roten Blitz wegen zehn Kilometern zu schnell – angemessen und konzentriert zu fahren. Hat bisher nicht allzu oft geklappt. Jetzt hat es funktioniert. Dank der Deadline vor Augen!

Nach der Sitzung wollte ich dann doch klar Schiff machen. Ich konnte doch nicht ohne ein klärendes Gespräch mit meinem besten Freund in den Tag mit der Deadline gehen. Also schrieb ich ihm eine SMS mit der Bitte, ob wir abends noch zusammen in Stuttgart essen gehen könnten. Ich erwähnte nicht, um was es mir eigentlich ging. Markus ist im Pflegedienst tätig – und just an diesem Abend hatte er Spätdienst, ist also nicht abkömmlich! Er kann nicht. Ich ärgerte mich schwarz und grün. Ich hatte schlecht geplant. Hatte zu lange gewartet. Und es wäre mir so wichtig gewesen. Immerhin ist er eine der wichtigsten Bezugspersonen für mich und meine Familie. Meine Kinder sehen ihn ihm nicht nur den Freund oder Onkel, sondern so etwas wie einen zweiten Vater! Also wäre es umso wichtiger gewesen, mit ihm zu reden. Frustriert fuhr ich die zwei Stunden von Stuttgart nach Wilhelmsdorf zurück. Wieder voll konzentriert auf den Straßenverkehr. Am Bodensee angekommen, entschied ich mich, zu später Stunde noch einmal gut essen zu gehen. Meine Frau ist vermutlich um diese Zeit eh schon im Bett. Dann wollte ich wenigstens mit mir und meinen Gedanken nochmals eine gute Zeit haben.

Tja, Zeit hatte ich. Mit mir. Und ich ging in mich. Ließ mir vom Kellner Notizblock und Kugelschreiber geben und versuchte, Notizen zu machen. Über die Deadline und die letzten Stunden und Minuten davor.

Und es ging wieder los: das Kino in meinem Kopf. Das Leben spulte einen Film mit ergreifenden Szenen ab: das Gemobbtwerden in der Grundschule, die Bestätigung und Wiedergutmachung, später zum Schulsprecher gewählt zu werden. Der väterliche Freund Martin, der mich jede Woche zum Kinderbibelkreis abholte. Eugen, mein Seelsorger, mit dem ich lange Jahre in allen Ferien auf Freizeiten war. Die Angst beim Abitur, durch Prüfungen zu fallen. Die Freude, doch Theologie studieren zu dürfen. Der Frust, bei meinen über 150 Freizeiten als Leiter dann doch bei der Abrechnung Fehler gemacht zu haben und dadurch nicht mehr weiter Freizeiten leiten zu dürfen. Die erste Liebe, die große Liebe zu Renate, mit der ich 13 Jahre befreundet war, und die ich sogar einmal mit einer anderen Freundin betrog. Die vielen zerbrochenen Herzen, die ich hinterlassen habe. Ich glaube, ich habe alles in allem über 30 Freundinnen gehabt … Aber dann habe ich endlich die richtige Frau fürs Leben gefunden. Was für eine schöne Hochzeit. Und vier Kinder! Dominik, mein Erstgeborener. Das schönste Bild von ihm, wie ich mit ihm aus dem Schlafzimmerfenster Seifenblasen in den Garten puste. Rebecca, die so viel kann und einfach ein Genie ist. Pascal, der so wunderbar mit dem Ball zaubern kann. Jeanetta – kein Mensch dieser Welt kann so frech und freundlich sein wie sie.

Die vielen Konzerte liefen vor meinen Augen ab. Mit meinem Freund Reinhard. Über 20 Jahre sind wir mit

Saitenwind schon unterwegs. Mit Michael an den Tasten – ein fantastischer Pianist, mit dem ich schon alle Höhen und Tiefen erlebt habe. Doch wir haben uns immer wieder ausgesprochen und versöhnt. Mir ging die Zeit in meinen Gemeinden durch den Kopf, wo ich sein durfte: in der OASE in Giengen, als Vikar in Bad Liebenzell, als Pfarrer in Wilhelmsdorf und dann als theologischer Leiter bei den Zieglerschen. Die ganzen Radio-Projekte und Sendungen, die ich als Journalist machen durfte. Und dafür dreimal den begehrten Medienpreis des Landes Baden-Württemberg bekam. Ich war stolz! Und dankbar. Und die Umschuldung, in der wir in diesen Tagen steckten, und die noch nicht abgeschlossen war – sie schoss wie Batman durch den Lebensfilm.

Was da wie Kino im Kopf am Ufer des Bodensees ablief, war aber mehr noch als das zuvor beschriebene Drehbuch. Es war nicht nur Lebensbilanz, sondern vielmehr Lebensbeichte. Eine Lebensbilanz zum einen, wo alles nochmals aufgelistet wird. Und dahinter ein großes Plus oder ein großes Minus erhielt. Vom Herz wurde bilanziert: nach knallharten Kriterien gegliedert und gegenübergestellt. Was war von Wert? Was war positiv? Was hat etwas gebracht? Was war Verlust? Was war Gewinn? Was bleibt unter dem Strich?

Eine Lebensbeichte zum anderen: Wird mich jemand für diese Bilanz zur Rechenschaft ziehen? Es verschwindet ja anscheinend nicht in irgendwelchen Schubladen, was wir im Leben „produzieren". In der Loge des großen Kinos im Kopf saßen – gleich Statler und Waldorf – zwei Quälgeister. Kennen Sie die beiden alten Opas? Ohne sie wäre die Muppet-Show nur halb so gut: Statler und Waldorf lästern von ihren gemütlichen Balkonplätzen aus über die Show. Da Statler (der Schnurrbärtige) und Waldorf die Show verabscheuen, wundert es jedermann, weshalb das Duo Dauerkarten für die Balkonsitze hat. Nach eigener Aussage heißen die beiden letzten Bücher, die die zwei Zyniker gelesen haben: „Die Kunst des Beleidigens" und „Wie man die Kunst beleidigt". Diese beiden Quälgeister kommentieren jetzt meinen Lebensfilm mit unangenehmen Fragen, disqualifizieren mein Tun und Lassen mit bösen Lästerungen und Beleidigungen:

Waldorf: *„Du hast so viele Menschen verletzt. Dafür wirst du büßen!"*

Statler: *„Du bist so vielen so viel schuldig geblieben. Wie willst du das wiedergutmachen?"*

Waldorf: *„Du hast so viele Menschen enttäuscht. Sie werden dich im Handumdrehen vergessen."*

Statler: *„Du hast so viel nicht erreicht. Du bist ein Versager."*

Waldorf: *„Schau dir an, was du hast, wer du bist, was du kannst. Das reicht nicht."*

Statler: *„Du hast dich redlich bemüht. Aber was ist dabei rausgekommen? Lächerlich!"*

Waldorf: *„Warte nur ab, was der liebe Gott über dein Leben sagen wird. Zu den zerbrochenen Herzen, dem veruntreuten Geld, den fiesen Fantasien! Und erst die vielen Lügen, der Schwindel, das Vertuschen und Verheimlichen … Der ist not amused!"*

Sie kamen ja schon immer wieder im Lauf des Lebens zu Wort. Aber jetzt kommen ihre Einwände mit aller Macht. Ist es zunächst noch ganz amüsant, den Film mit allen Ereignissen zu sehen, hören sich die Filmkritiken doch sehr heftig an. Lebensbilanzen quartalsweise einzureichen, heißt auch, sich mit den Fragen dieser Querschläger zu befassen und Antworten zu finden. Wie denkt Gott über mich? Ist er „amused or not amused"? Was stellt er in der Rechnung an Vergnügungssteuer? Nachzahlungen? Versäumnisgebühren? Ist er für mich oder gegen mich? Es ist eigentlich ein großes Dilemma, dass wir so „verantwortungslos" vor uns hinleben. Als ob es niemand gibt, den die Bilanz interessiert. Als ob wir uns vor niemandem rechtfertigen müssen, für Haben oder Soll, für Plus oder Minus in unserem Tun und Lassen. Wir leben fahrlässig, bedenkenlos, leichtfertig. Handeln leichtsinnig und unbedenklich. Wir denken oberflächlich, sorglos, rücksichtslos, unachtsam. Wir reden unbedacht, schamlos und unverantwortlich.

Wir können im Alltag die Verantwortung vor uns herschieben. Es wird sich vielleicht, hoffentlich, eventuell alles zum Guten wenden – oder von selbst in Luft auflösen. Die Filmvorstellung angesichts einer Deadline macht deutlich, was noch alles geklärt werden muss. Was noch virulent ist. Was noch nicht gut ist. Was noch ansteht. Auf was es noch ankommt. Sie macht auch deutlich, auf was man stolz sein darf. Was gelungen ist. Was geschenkt wurde. Sie macht dankbar.

Fast in jeder Todesanzeige ist es zu lesen: Oft, viel zu oft, kommt der Tod unerwartet. Aus dem Leben gerissen, ohne Vorankündigung: am helllichten Tag im Straßenverkehr, bei der Notoperation im Krankenhaus, auf der Pflegestation im Seniorenheim. Weil der Tod immer fremd ist, nie in den Alltag hineinpasst, ist *immer* der richtige Augenblick, die letzten Dinge zu regeln. Noch wichtiger aber, die vorletzten Dinge zu regeln – zu klären, wie man gelebt haben möchte, bevor man daran nichts mehr ändern kann.

Deadline – Wendepunkt

16.04. 2016. 24 Stunden mit dem Gedanken: Heute sterbe ich. 24 Stunden mit der Angst: Diese Stunde könnte die letzte sein. Was soll ich noch tun mit diesen Stunden? War alles geklärt? Alles gesagt? Alles getan? Alles vorbereitet? Im Kleiderschrank war noch kein Anzug mit dem Zettel versehen: „Diesen Anzug bitte für den Sarg!" Es waren noch keine Vollmachten unterschrieben. Es war noch kein Testament aufgesetzt. So viel war unerledigt geblieben. Hätte ich die Deadline doch besser vorbereiten sollen? Wie sterbe ich denn jetzt? Im Bett? Im Bad? Hört mein Herz auf zu schlagen, weil es mein Hirn befiehlt? Sekundentod? Wird doch noch ein tragischer Unfall passieren? Beim Motor anlassen? Auf dem Weg in die Stadt?

Das Warten auf den Tod kann lang werden. Schon wieder die nächsten Fragen: Wer sieht mich als erstes, wenn ich tot bin? Wer kommt, um mich abzuholen? Wohin bringt man mich? Was sagen die Menschen in meiner Nachbarschaft? Wer sagt es meinen Eltern? Meinen Freunden? Was machen meine Kinder? Wie reagiert meine Frau? Ja, die Angst vor dem Sterben bleibt. Und man kann diese Angst auch nicht in den Griff bekommen. Vielleicht es ja nicht Angst, sondern die

Ungewissheit, weil es so ein einmaliges Erleben ist. Aber wie gesagt: Bei der Deadline ging es ja auch nicht um ein perfektes Sterben, sondern um ein gutes Leben zuvor!

Aber es kam anders! Am Samstag, den 16. 04. 2016, standen wir als Familie gegen 8.00 Uhr auf. Ich wunderte mich: nichts von schlafloser Nacht. Ich dachte zunächst, ich würde mir die letzte Nacht irgendwie um die Ohren schlagen müssen. Oder würde immer wieder schweißgebadet von Albträumen aufwachen. Nichts dergleichen. Habe geschlafen wie ein Murmeltier. Nichts von Albträumen. Woher kam diese Ruhe? Vielleicht dadurch, dass ich mich mit dem Sterben so vertraut gemacht hatte. Es war nichts Furchtbares, nichts Angsterregendes, es war „normaler" geworden, wenn auch ungewohnt. Aber ich danke Gott für den gesegneten Schlaf. Es gab bisher wenige Herausforderungen, die mich schlaflos gemacht haben. „Ich liege und schlafe ganz in Frieden, denn allein du, Herr, hilfst mir, dass ich sicher wohne." So heißt es in Psalm 4,9. Als die Nacht dann jedoch vorbei war, begann sozusagen der letzte Tag. Das war mir bewusst. Zum letzten Mal Frühstück machen, zum letzten Mal mit den Kindern gemeinsam am Tisch, zum letzten Mal Spülmaschine aus- und einräumen, zum letzten Mal zum Wertstoffhof, zum letzten Mal mit den Nachbarn plaudern, zum letzten Mal Mittagessen kochen, zum letzten Mal mit den Kids auf den Fußballplatz und danach Eis essen. Zum letzten Mal Kinder ins Bett bringen, gute Nacht kuscheln und sagen.

Zum letzten Mal. Bis zum letzten Auskosten. Ansonsten kam die nächste Nacht schneller als gedacht. Und völlig unspektakulär.

Immer wieder habe ich mich gefragt: Wie kommt denn nun der Tod? Durch Sekundentod? Durch einen Unfall? Einen Herzinfarkt? Wann geht das Licht aus? Wann wird mich der Bestatter abholen? Wie reagieren die Kinder, meine Frau, die Freunde? Mitten in den heftigsten, teils unangenehmen Fragen, mitten im Warten auf das Sterben – das Leben von seinen schönen, einmaligen, unersetzlichen Momenten und Augenblicken genießen. So normal kann Sterben sein. Am Abend noch ein Film, ein gutes Glas Wein – alles im Bewusstsein: Noch ist der Tag nicht zu Ende. 16.04.2016. Sterben kann jeden Moment sein.

Es hat mir einmal mehr gezeigt: Vor dem Sterben kann gelebt werden. Leben in vollen Zügen. Ohne dass es sinnlos und wie im Flug vergeht. Intensives Leben, trotz Tod vor Augen. Aber mit dem Ziel und dem Ende vor Augen wird jeder Augenblick vorher intensiver, tiefer, unvergesslicher, nachhaltiger, gründlicher, ausgeprägter, eindringlicher. Es hat was für sich: Lehre mich bedenken, dass ich sterben muss, auf dass ich klug werde (vgl. Psalm 90,12). Noch eine Erkenntnis reifte in mir: Ich kann mir den Tod zwar vorstellen, ich kann mich drauf einstellen, aber ich habe ihn nicht in der Hand. Ich kann selbst mit meinen Gedanken an lebenserhaltenden bzw. lebensverkürzenden Prozessen nichts beeinflussen.

Anscheinend hat die Bibel auch hier recht: „Meine Zeit steht in deinen Händen" (Psalm 31,16). Leben und Sterben hat *seine* Zeit.

Dann war es 24.00 Uhr. Der 16. 04. 2016 war vorbei. Ich war im Bett. Schlief seelenruhig ein. Müde vom vielen Nachdenken, aber glücklich, meine Frau neben mir im Bett zu spüren, zu sehen, zu wissen: Es ist noch nicht vorbei. Der nächste Tag konnte kommen!

Hurra, ich lebe noch!

17.04.2016: Ich wachte kurz vor 8.00 Uhr auf. Die Sonne schien. Meine Frau war schon aufgestanden. Ich spürte das Leben. Ich hatte überlebt! Meinen eigenen Sterbetag überlebt! Der erste Gedanke war: Gott sei Dank! Und: Jetzt beginnt ein neues Leben, ein neuer Tag. Der erste Tag vom Rest des Lebens. Rest? Nein, jetzt ging es nicht mehr um einen Rest, ein Anhängsel, ein Übrigbleibsel. Jetzt – so hatte ich den Eindruck – wurden mir stündlich Stunden geschenkt! Jede Stunde, die ich noch leben durfte, war ein Geschenk. Wieder ohne mein Zutun. Ein Geschenk aus heiterem Himmel. Es war seltsam: Ich war vergnügt, erlöst, befreit, glücklich, zufrieden. Nicht missmutig am Frühstückstisch. Nicht zum Streiten aufgelegt. Es gab Omelette: Ich hatte mir mächtig Mühe geben. Wir gingen fröhlich zum Gottesdienst. Das Leben hatte mich wieder.

Meine Frau kochte ein wahnsinnig gutes Sonntagsessen. Ich war selten so erfüllt, zufrieden, dankbar und gut gelaunt! Boah – war das schön, mit den Liebsten zusammen zu sein! Die Kinder lachen zu hören. Sie in ihrer Einmaligkeit zu sehen. Was für ein Geschenk. Den Garten genießen. Die freie Zeit. Plötzlich Wolken am Horizont: Wieder mal war beim Fußballspielen im

Garten ein Ball zu den Nachbarn geflogen. Seltsam: Bisher konnte ich mich darüber mordsmäßig aufregen. Was war denn jetzt los?

Ich spürte keinen Ärger. Fuhr nicht aus der Haut. Konnte alle fünf gerade sein lassen. War entspannt. Heißt klug zu werden auch, gelassener zu werden? Mal drüber hinweg zu sehen? Schließlich gibt es Schlimmeres ... Das Aufregen ist ein Zeitfresser und stört die Zufriedenheit. Irgendwie war etwas mit meinen Gefühlen geschehen. Ich musste mir den Ärger nicht kraftvoll aus den Gedanken verbannen. Der Ärger kam erst gar nicht auf. Heißt klug zu werden auch, dass sich im Gefühlshaushalt etwas verändert? Was man gedanklich durchbuchstabiert hat, bis zum Ende durchgespielt hat, was sich tief eingegraben hat? Was letzten Endes auch das Herz erreicht, den Sitz der Gefühle und dort gefühlvoll verändert? Bis vor kurzem habe ich mich oft über die Predigten des Pfarrers geärgert. Ich hörte jetzt plötzlich anders zu. Konnte über manches Störende hinweghören und hatte Freude daran, mich nach dem Gottesdienst mit den Menschen auszutauschen.

Am Tisch war mir manches Verhalten der Kinder ein Dorn im Auge gewesen. Oftmals war ich aus der Haut gefahren. Was dann die restliche Stimmungslage in ein Tiefdruckgebiet verwandelte. Wie oft hatte ich mir gewünscht, mich besser im Griff zu haben. Hat auch hier das „klug werden" seine Finger im Spiel und mich neu „programmiert"? Ohne dass ich es beeinflussen konnte, ohne dass ich mir Handschellen um das Herz, um den Mund legen musste?

Manches Wort meiner Frau, manche Anspielung, die ich nicht richtig interpretierte, ließ mich aus der Haut fahren. Irgendwas gab mir jetzt die innere Größe und Gelassenheit, darüber wegzuhören. Oder nochmals nachzufragen, ohne gleich auszuflippen. Wie gewohnt lag die neue Woche mit neuen Herausforderungen vor mir. Und sonntags waren die Gedanken teilweise schon etwas mühevoll und auf vieles hatte ich keine rechte Lust. Oder hatte Angst vor etwas.

In der Tat fühlte es sich heute, am 17. 04. 2016, anders an: Im Vordergrund stand die Vorfreude auf geschenkte Zeit. Nochmals sieben Tage, viele Stunden, viele Möglichkeiten. Was für ein Geschenk! Angst legte sich. Mühevolles wurde leichter. Schweres fiel unter dem Eindruck geschenkter Lebenszeit plötzlich leichter. Sollte das „klug werden" die ganze Lebensführung beeinflussen? Zu mehr Lebensqualität, zu weniger Sorgenlasten, zu mehr Vorfreude verhelfen? Ich war überrascht! Ich kannte mich selbst nicht mehr.

Montag, der 18. 04. 2016 –
Tag zwei nach der Deadline

D as wäre also, vermutlich am 18. 04. 2016, in der
Zeitung zu lesen gewesen:

„Fürchte dich nicht, ich habe dich erlöst.
Ich habe dich bei deinem Namen gerufen, du bist mein."
(Die Bibel)

Heiko Bräuning
* 07.11.1969 – +16.04.2016

Plötzlich und unerwartet wurde vorgestern unser geliebter
Ehemann, Papa, Sohn, Bruder und Freund
aus dem Leben gerissen.

In Liebe nehmen wir Abschied
Deine Frau Gabriele mit Dominik, Rebecca,
Pascal, Jeanetta.
Dein Bruder Armin mit Doreen und Lena.
Deine Mama und Papa, Astrid und Hermann.
Dein Onkel Dankwart mit Karin.
Deine Freunde Markus, Eugen, Christian, Michael,
Reinhard, Andreas, Immanuel, Martin, Hans

Die Trauerfeier findet statt am Freitag, 22.04.2016,
um 14 Uhr im Betsaal. Die Beisetzung erfolgt im
Anschluss im engsten Familienkreis.

Wenn die Anzeige erscheint, ist es zu spät, am Leben noch etwas zu verändern. Deshalb der Entschluss: Bevor es zu spät ist, jetzt etwas zu verändern! Damit noch Zeit bleibt! Eine Deadline ist nichts anderes, als die Begrenztheit des eigenen Lebens in Worte zu fassen, sich vor Augen zu führen. Sich bewusst zu werden, dass man nicht alle Zeit der Welt hat. Der Tod gehört nicht am Ende zum Leben, er gehört mitten ins Leben. Weil das Leben als solches die Gefahr in sich birgt, dass es vergeht, ohne ausgelebt zu sein.

Man vertagt so viel. Man verschiebt so viel. Man vertröstet sich so gerne. Man verdrängt so oft. Man lebt oberflächlich, statt tiefsinnig und tiefgründig. Man lebt zu schnell, zu kopflos, zu herzlos, zu überhastet, zu gestresst, zu gejagt, zu überfordert. Man lebt zu routiniert, zu traditionell, zu eingefahren, zu geradlinig, zu verbohrt, zu blind, zu festgefahren, zu perspektivenlos. Zu kraftlos, zu ängstlich, zu einfallslos, zu feige, zu mutlos, zu schüchtern, zu furchtsam, zu zaghaft. Viel zu besorgt, viel zu verschlossen, viel zu verklemmt. Zu hilflos, zu ohnmächtig, zu machtlos, zu gebrechlich, zu schwach, zu verweichlicht, zu betrübt, zu bekümmert, zu gedrückt, zu geknickt, zu kummervoll, zu zurückhaltend. Und für alles findet sich eine Begründung, eine Selbstrechtfertigung, eine Entschuldigung. Für alles gibt es Sätze wie: „Ist doch kein Wunder, bei den Umständen ...“; „Wenn ich die Chance gehabt hätte, dann hätte ich mit Sicherheit alles anders gemacht ...“; „Was hätte ich denn dagegen tun sollen?"; „Gewollt hätte ich schon, aber …"; „Wenn nicht dies oder jenes, dieser oder jener so gewesen wäre, dann …"

Dem italienischen Philosophen Tommaso Campanella aus dem 16. Jahrhundert wird folgendes Zitat zugeschrieben: „Träume nicht dein Leben, lebe deinen Traum." Vom dänischen Philosophen Søren Kierkegaard stammt folgendes Zitat: „Verstehen kann man das Leben rückwärts; leben muss man es aber vorwärts." Beides zusammen könnte die Stimmigkeit einer fiktiven Deadline begründen: Die Deadline hilft, innezuhalten und das Leben mitten drin rückwärts zu betrachten. Und dabei die Träume zu entdecken und das Unerledigte. Um dann mit verändertem Blick und neuer Kraft das Leben nach vorwärts zu leben, die geschenkte Zeit dankbar auszuschöpfen, zu gestalten und zu genießen.

Die Australierin Bronnie Ware hat viel Zeit verbracht, um Sterbende bis zu ihrem letzten Atemzug zu begleiten und ihnen dabei zuzuhören. Stellen Sie sich, in Anlehnung an das Buch von Bronnie Ware[4], folgende Fragen: Leben Sie ihr eigenes Leben? Arbeiten Sie zu viel? Drücken Sie Ihre Gefühle aus? Pflegen Sie genug Kontakt zu Freunden? Trauen Sie sich, glücklich zu sein?

Spätestens jetzt sollten Sie sich Zeit nehmen, um Ihr Drehbuch wieder zur Hand zu nehmen, und diese Fragen mit den einzelnen Szenen zu vergleichen. Entdecken

---

4 Bronnie Ware. 5 Dinge, die Sterbende am meisten bereuen; Einsichten, die Ihr Leben verändern werden, München: Goldmann Verlag 2015.

Sie, wo Sie etwas versäumt, bereut oder unterlassen haben. Treffen Sie Entscheidungen, was im nächsten Teil anders werden muss! Nach dieser Rückblende beginnt etwas Neues: Ab jetzt leben Sie Ihr Leben vorwärts, ganz bewusst, um Träume wahr werden zu lassen!

Die neue Zeit: Alles auf Null!

Jetzt geht er also los: der zweite Teil meines Lebensfilmes. Ich habe noch kein Drehbuch. Aber eine neue Handlung: Aus der mir anvertrauten Zeit wurde jetzt plötzlich geschenkte Zeit. Und die wichtigste Regieanweisungenlautet: Dankbarkeit für jede Minute geschenkter Lebenszeit. Ich werde sie in vollen Zügen genießen!

Bisher war alle Zeit die, die noch übrigblieb. Die zu Ende ging. Die, die mir noch zur Verfügung gestellt wurde. Ab jetzt ist jede weitere Zeit geschenkte Zeit. Geschenkte Zeit, für die ich dankbar bin! Für jeden Tag!

Was für ein Unterschied, wenn Zeit nicht weniger wird, sondern mehr. Wenn Zeit nicht abläuft, sondern anfängt. Wenn Zeit nicht zu Ende geht, sondern beginnt. Bisher waren Entscheidungen zu treffen, was wichtig und was unwichtig ist. Was in der verbleibenden Zeit noch getan werden soll. Getan werden muss. Getan werden will. Es war die Zeit, die darauf drängte, Entscheidungen zu treffen, mit was man die Zeit wirklich füllen und verbringen will.

Der 17.04.2016 war ein Geschenk! Ein Tag geschenkt, 24 Stunden geschenkt. Gott sei Dank! Es kam das tiefe Gefühl der Dankbarkeit auf: Ich darf das Leben weiterleben. Ich habe Lebenszeit dazu bekommen. Auch das scheint mir eine völlig neue Lebensdimension zu sein: das Leben in echter, tiefer Dankbarkeit. Gepaart mit der Aufmerksamkeit: was ist wichtig, was ist nebensächlich. Was will ich wie lange und warum tun, und was lassen – das alles in Anbetracht der geschenkten Lebenszeit, die natürlich auch wieder begrenzt ist.

Das neue Denken, ein anderes Leben

Die erste Woche nach dem 16. 04. 2016 hatte es in sich: Sie war äußerlich ganz normal. Der Alltag hatte mich wieder. Neue Herausforderungen, neue Termine, neue Projekte, neue Aufgaben, zugleich auch nur das Gewohnte und der gleiche Trott.

Aber doch war alles irgendwie anders. Als ob eine neue Ordnung über allem steht. Die Entscheidung, was wichtig oder unwichtig war, hatte einen anderen Stellenwert. Es war präsent: Ich durfte mich entscheiden. Durfte Nein sagen, durfte Prioritäten setzen. Und eine neue Erkenntnis: meinem Arbeitgeber gehört meine Arbeitszeit. Meiner Familie und mir meine Freizeit. Mir gehört meine Lebenszeit – und ich bin dafür verantwortlich, dass alles seine Zeit hat. Wie schön hat es der Prediger in der Bibel ausgedrückt:

„Alles, was auf der Erde geschieht, hat seine von Gott bestimmte Zeit: geboren werden und sterben, einpflanzen und ausreißen, töten und Leben retten, niederreißen und aufbauen, weinen und lachen, wehklagen und tanzen, Steine werfen und Steine aufsammeln, sich umarmen und sich aus der Umarmung lösen, finden und verlieren, aufbewahren und wegwerfen, zerreißen und zusammennähen, schweigen und reden. Das Lieben hat seine Zeit und auch das Hassen, der Krieg und der Frieden. (...) Ich bin zu der Erkenntnis gekommen: Das Beste, was der Mensch tun kann, ist, sich zu freuen und sein Leben zu genießen, solange er es hat." (Prediger 3,1-8+12; GNB)

Was für eine Lebensweisheit (Prediger 3,12; GNB): „Ich bin zu der Erkenntnis gekommen: Das Beste, was der Mensch tun kann, ist, sich zu freuen und sein Leben zu genießen, solange er es hat." Interessant: In dem Moment, als der Verfasser erkennt, dass alles „seine Zeit" hat, also begrenzt ist, endlich, da erkennt er, dass es am besten ist, fröhlich zu sein und das Leben zu genießen.

Die Deadline des Lebens als Quelle von Fröhlichkeit, von Lebensfreude, von Genuss, von Selbstvertrauen, Tapferkeit, Beherztheit, von Risikobereitschaft und von Begeisterung.

Welche Lebensereignisse sind es konkret, in denen er die Begrenztheit entdeckt (vgl. Prediger 3,1-8)?

1. Geboren werden und sterben, einpflanzen und ausreißen, niederreißen und aufbauen: Generell hat alles im Leben einen Anfang und ein Ende. Aber auch im übertragenen Sinn gilt: Etwas Neues erblickt das Licht der Welt. Ein Traum, eine Idee, aus der ein Plan wird, ein Vorhaben, ein Projekt, eine gute Tat. Das braucht Mut und Ehrgeiz, Zeit und Kraft. Keiner von uns hat diese Ressourcen für immer. Aber jedem stehen sie eine begrenzte Zeit lang zur Verfügung. Anfangen können

111

und etwas zu Ende zu bringen – das prägt die meiste Zeit unseres Lebens.

2. Töten und Leben retten: Man kommt in die Rolle, für das Leben anderer Verantwortung zu übernehmen. Jeder hat sie schon gehabt, die Pflicht und Schuldigkeit, einem anderen aufzuhelfen, damit er sich entfalten kann. Dass er einen guten Weg für sich findet. Es ist nicht nur Pflicht und damit Last, sondern Ehre und Lust, einen anderen Menschen zu fördern, ihm bei seiner persönlichen Entwicklung zu helfen. Ihm zu zeigen, wo seine Gaben und Talente liegen. Und jeder von uns hat genug an Lebenserfahrung und Lebensweisheit, um einem anderen auf väterliche oder mütterliche Art Freund und Helfer, Seelsorger, Coach oder Mentor zu sein. Dazu gehört aber auch, dem anderen zu zeigen, wo seine Grenzen liegen. Hinzuweisen, was nicht zum Leben kommen sollte. Was unnütze, untauglich, schädlich für ihn und für andere lebenszerstörend werden könnte. Wie gut tat mir persönlich manch guter Ratschlag und weise Ermahnung von Freunden, die mir halfen, nicht auf ein totes Pferd zu setzen, von unvorteilhaftem, ungünstigen, zerstörenden Dingen die Finger zu lassen. Eine Form von Töten und Leben retten: Verantwortung für das Leben eines anderen zu übernehmen.

3. Weinen und lachen, wehklagen und tanzen, sich umarmen und sich aus der Umarmung lösen: All das hält eine Beziehung aus. Nähe und Distanz. Höhen und Tiefen. All das braucht Zeit. Interessant dabei ist: Die Beziehung selbst wird nicht als begrenzt angesehen. Es braucht Freundschaften und Beziehungen fürs ganze Leben. Aber was sich innerhalb dieser Gemeinschaft abspielt, das hat seine Zeit, ist begrenzt. Dann und deshalb gilt: den anderen solange und auch dann aushalten, wenn ihm zum Weinen zumute ist, wenn er schwach ist. Den anderen solange und in dieser Zeit aushalten, wenn er Abstand braucht und nicht an seiner Liebe zweifeln. Den anderen solange und genau dann begleiten und bejahen, wenn er ausflippen könnte vor Freude, tanzen möchte, wenn er aus sich und seiner Haut fahren könnte!

4. Steine werfen und Steine aufsammeln, aufbewahren und wegwerfen, zerreißen und zusammennähen, schweigen und reden: Das große Lebensthema, der ewige Spagat zwischen loslassen und anspannen, festhalten und freigeben, binden und erlösen, behalten und vergeben, reden und schweigen, Gefühle ausdrücken oder unterdrücken, verdrängen und aus dem Herzen eine Mördergrube machen. Wie oft werden andere von uns mit Steinen in Form von Worten, Vorurteilen, Anschuldigungen, Beschimpfungen, Gefühlen oder Gedanken beworfen. Wie viel Zeit verbringen wir damit, um die Steine zu sammeln: die Gründe für das Versagen, für die Schuld, für die Fehler, für die Versäumnisse, für die Pflichtverletzungen usw. Wie oft „verhaften" wir den anderen in seinen Defiziten und in seiner Schuld, anstatt ihm diese zu vergeben. Wie viel Zeit verbringen wir in dieser Hinsicht damit, etwas zusammenflicken zu wollen, etwas notdürftig zu reparieren, statt es zu zerreißen und wieder von vorn anzufangen. Vergebung ist, Steine wie Lasten zu sammeln und Steine schwer wie Lasten loszulassen. Vergebung ist begrenztes Aufbewahren und begrenztes Wegwerfen – was fort ist, ist fort, für immer, ein für alle Mal! Vergebung hat etwas von Zerreißen und neu Zusammennähen! Vergebung besteht aus Schweigen und Reden. Wer verletzt wurde, schweigt zunächst, auch wenn er wortgewaltig ausrastet. Aber dann muss das miteinander Reden folgen – nicht das sich tagelange, jahrelange Anschweigen.

Noch ein Resümee zieht der lebenserfahrene Prediger (3,13): „Wenn er aber zu essen und zu trinken hat und genießen kann, was er sich erarbeitet hat, dann verdankt er das der Güte Gottes." Nach der Erkenntnis der Begrenztheit und des daraus folgenden Genießens, folgt die *Verdankung*. Das heißt, er schreibt sich das nicht selbst auf die Fahne, sondern bedankt sich. Bei Gott! Der in seiner Großzügigkeit Menschen ins Leben ruft und will, dass sie glücklich sind.

Genießen

Die Tage und Wochen nach dem 16. 04. 2016 waren geprägt vom Genießen. Ich genoss plötzlich freie Zeit, Zeit für mich, ein gutes Essen, ein Gespräch mit einem Freund, die Zeit mit meiner Frau, das Spielen mit meinen Kindern, die vielen positiven Momente bei der Arbeit, die Musik, ein Buch, ein Brief, eine E-Mail, ein Geschenk, ein Sonnenstrahl, Wärme, Süßigkeiten, verschiedene Geschmacksrichtungen, Bilder und ohne Ende mehr. Genießen: Ich entdeckte die Schönheit des Lebens. So oft hatte ich es mir schon eingeredet: das Glas ist halbvoll, nicht halbleer. Aber das Glas blieb in meiner Gefühlslage doch halbleer. Und damit war der Genuss verflogen. Wie oft habe ich versucht, die sogenannten „Pareto-Regel" für mich anzuwenden: Es ist doch 80 Prozent gut im Leben, und nur 20 Prozent problematisch. Und dann war es doch wie andersherum. Damit war der Genuss gestorben. Wie oft hatte ich den Ausspruch von Georg Müller gelesen und zitiert: „Sorgen sind die vorausbezahlten Zinsen für Probleme, die selten eintreffen. Der Beginn der Sorge ist das Ende des Glaubens. Der Beginn wahren Glaubens ist das Ende der Sorge." Und dann wurde doch tief in die Tasche gegriffen und Zinsen für die Sorgen bezahlt.

Probleme schienen das Leben schwer zu machen: die Ehekrise, der Steuerbescheid, der Elternbrief von den Lehrern wegen eines meiner Kinder, berufliche Schwierigkeiten, Misserfolge usw. Die Sorgen erstickten den Genuss!

17. 04. 2016 – es schien, als wäre ein Schalter umgelegt: das Glas war halbvoll – sogar mehr als halbvoll! Soviel Perspektiven waren da, die man vorher nicht gesehen hat. Soviel Chancen boten sich, die vorher vergeben schienen. So viele Talente kamen zum Vorschein, die vorher begraben waren. 80 Prozent des Lebens waren in Ordnung – mehr als in Ordnung. Es war gut! Ein Lehrerbrief konnte die vielen schönen Seiten und Begabungen der Kinder nicht zunichtemachen. Ein Ehestreit war maximal drei Stunden von ewig vielen schönen Stunden, die wir erlebt haben. Ein Bescheid vom Finanzamt konnte plötzlich nicht mehr Macht gewinnen und Angst befeuern. Schließlich war noch genügend Geld da. Ein Projekt, das vom Verlag abgesagt wurde, war nicht schwerwiegender als drei oder vier andere Projekte, die ich mit dem Verlag schon umsetzen konnte. Selbst negative Gefühle wie Neid, Selbstzweifel, Existenzängste, Zukunftssorgen – nein, sie waren nicht wie weggeblasen, aber sie relativierten sich. Hatten sie bisher das Sagen und bestimmten über mich, so veränderte sich die Position: *Ich* konnte ihnen sagen, welchen Platz sie einzunehmen hatten. *Ich* saß auf dem Pferd, nicht das Pferd auf mir. *Ich* ritt und wurde nicht geritten. *Ich* hatte die Zügel

in der Hand. Und niemand und nichts anderes. All das waren Voraussetzungen für mehr Lebensqualität, für mehr Zufriedenheit, für mehr Zuversicht, für mehr Genuss!

Genießen ist ein altes, deutsches Wort. Es ist germanischen Ursprungs und bedeutet so viel wie: etwas fangen, Beute machen, etwas ergreifen. Unzufriedenheit resultiert daraus, dass man von seinen Wünschen wie ein erfolgloser Jäger durchs Leben gejagt und getrieben wird und immer der Beute hinterherrennt.

Genießen heißt: Ich ergreife, was sich mir bietet. Ich fange, was beschert wird, und stecke es wie reiche Beute in meinen Köcher. Ansehen und Anerkennung bekam der Jäger, der mit reicher Beute nach Hause kam, seine Hab und Gut, seine Trophäen, seinen Gewinn vor versammelter Mannschaft zur Schau stellte, sie austeilte und in Gemeinschaft verzehrte, gebrauchte und genoss! Zu solch einem Jäger war ich durch die Deadline geworden. Nicht durch wilde Triebe unzufrieden hin- und hergetrieben, nicht auf der Jagd nach Nebensächlichem und billigem Ersatz oder Geraubtem. Sondern zu einem Jäger, der Chancen nützte, der Möglichkeiten wahrnahm, der die Schönheit einfing, das einmalige Moment, verborgene Glücksfälle, kleine Freuden, unscheinbaren Segen, die Gunst der Stunde. Und wie schön war es, mit gefülltem Köcher zur Familie zurückzukommen, und diese vielfältigen Habseligkeiten zu teilen! In vollen Zügen zu genießen!

Wir genießen zu wenig – und das sieht und merkt man uns an. Den Philosophen Friedrich Nietzsche kann man sinngemäß zitieren: „Würden die Christen doch nur erlöster aussehen, dann würde ich auch an ihren Erlöser glauben." Wir sind so unerlöst, weil wir die himmlische Gabe des Genießens verscharrt haben. War es nicht Jesus, der genau dieses Genießenkönnen in uns wieder freigesetzt haben wollte? Er sagt von sich (Johannes 10,10; NGÜ): „Ich aber bin gekommen, um ihnen Leben zu bringen – Leben in ganzer Fülle." Unser Köcher ist voll! Gott sei Dank!

Auch im Alten Testament kann man erkennen, was Gottes Absicht für die Menschen ist (Prediger 9,7-9; GNB): „Darum iss dein Brot und trink deinen Wein und sei fröhlich dabei! So hat es Gott für die Menschen vorgesehen und so gefällt es ihm. Nimm das Leben als ein Fest: Trag immer frisch gewaschene Kleider und sprenge duftendes Öl auf dein Haar! Genieße jeden Tag mit der Frau, die du liebst, solange das Leben dauert."

Aus China berichtete ein Pfarrer, dass einige Frauen, die den Glauben noch nicht gefunden hatten, zu ihm mit der Bitte kamen: „Könntest du uns nicht auch von dieser Salbe geben, die das Gesicht so fröhlich aussehen lässt?" Eine Salbe für das Genießen gibt es nicht. Aber einen Blick für die vielen Genussmöglichkeiten des Lebens!

Dieses Erkennen ist auch für den Philosophen Epikur (geboren um 341 v. Chr. auf Samos; † 271 oder 270 v. Chr. in Athen) von grundlegender Bedeutung. Er gilt als

Begründer einer Genussphilosophie! Sein Anliegen war, dass der Mensch zu einem „lustvollen Leben" findet, das Leben genießen kann. Dabei geht er davon aus, dass der Mensch sein Leben mit seinem Willen frei gestalten und glücklich werden kann. Aber drei Arten von Furcht stehen dem Glück grundsätzlich im Weg: 1. die Furcht vor dem Tod, 2. die Furcht vor den Göttern, 3. die Unklarheit über das Wesen von Lust und Unlust. Da der Mensch einzigartig und einmalig ist, ist die Gestaltung des Lebens seine größte Herausforderung und Aufgabe. Ziel des menschlichen Lebens ist die Erlangung der Glückseligkeit. Dieses Glück wird durch die Lust erreicht. Die Lust ist das höchste Gut. Der Zustand der Lust ist für ihn erreicht, wenn ein Mensch frei ohne körperlichen Schmerz und ohne Verwirrung des Geistes leben kann. Aber es ist auch schwer, die Lust mit ihrer Unberechenbarkeit, zum Beispiel nutzlosen Begierden, in den Griff zu bekommen. Das schafft er nicht allein und deshalb kommt Epikur der Freundschaft mit Gleichgesinnten ein hoher Stellenwert zu. Er schätzt sie besonders, weil echte Freunde untereinander das Gefühl von Sicherheit schenken können. Findet der Mensch über die Lust zum Glück, herrscht in ihm der ersehnte innere Friede.

Glücklich ist nach Epikur, wer den Tod nicht fürchtet, Elementarbedürfnissen den Vorzug gibt, Wünsche als optional ansieht, Bedürfnisaufschub betreiben kann und im Augenblick lebt. Dies zu erreichen, gelingt ihm u.a. dadurch: Unbekanntes zu ergründen und sich und anderen verständlich machen und damit Beunruhigendes ausschalten. Das Unerreichbare als irrelevant zu betrachten und Unvermeidbares hinnehmen. Die sinnlose Jagd nach kurzfristigem Lustgewinn zu vermeiden. Sich niemals an Vergangenes oder Zukünftiges zu hängen, sprich im Augenblick, im Hier und Jetzt zu leben. Epikur ist der Meinung, jedem Menschen könne es gelingen, sich von den alltäglichen Beeinträchtigungen des Lebens innerlich zu distanzieren, um letzten Endes „über den Dingen zu stehen", und in der Gegenwart das Leben genießen zu können.

Was ich aus dieser Genuss-Philosophie für mich mitnehme:

1. Am Anfang des Veränderungsprozesses steht das Erkennen: das Wahrnehmen von dem, was bisher war, was gelungen und nicht gelungen ist, was verborgen ist oder verschüttet wurde an Träumen, Wünschen, Visionen, Vorsätzen und Vorhaben. Das Erkennen von anvertrauten Gaben und Talenten.

2. Ich bin der Schmied meines Glückes. Ob ich genießen kann oder mir das Leben vermiesen lasse, liegt allein in meiner Hand. Es gibt niemand anderes, den ich als schuldig dafür herhalten könnte.

3. Die Furcht vor Menschen, Meinungen und Mächten ist ein ebenso schlechter Ratgeber wie die Angst. Ich möchte mich nicht von der Furcht bestimmen lassen, sondern mein Verhältnis zum furchteinflößenden Tod, zum angsterregenden Gott und zum beängstigenden Unbekannten neu bestimmen.

4. Ich habe in vielen Situationen und Ereignissen die Lust verloren. Ich tue zu viele Dinge lustlos. Ich möchte nichts mehr tun, ohne Lust daran und darauf zu haben. Ein gesundes Maß und verantwortbares *Leben nach dem Lustprinzip*.

5. Ich möchte der Freundschaft einen höheren Stellenwert geben. Allein essen macht bekanntlich fett. Allein trinken macht dumm. Allein das Schöne zu entdecken und zu teilen, macht unzufrieden. Allein sein ist eine Zeit lang gut, die längste Zeit aber schwer zu ertragen. Allein zu sterben, ist letzten Endes unerträglich.

6. Ich möchte Bedürfnisse von mir wahrnehmen, äußern und ihnen angemessen entsprechen.

7. Ich möchte mich von Unerreichbarem und Unrealistischem hochachtungsvoll und dankbar verabschieden, um nicht von solchen Träumen getrieben zu werden oder hinter Träumen endlos herzujagen.

8. Einmal mehr möchte ich über den Dingen stehen und nicht von ihnen erdrückt und unter ihnen begraben werden.

Die größte Lehre vom Glück, und damit ein Meisterstück in Sachen „das Leben genießen", findet sich bei Jesus (Matthäus 5,3-12; NGÜ):

„Glücklich zu preisen sind die, die arm sind vor Gott; denn ihnen gehört das Himmelreich. Glücklich zu preisen sind die, die trauern; denn sie werden getröstet werden. Glücklich zu preisen sind die Sanftmütigen; denn sie werden die Erde als Besitz erhalten. Glücklich zu preisen sind die, die nach der Gerechtigkeit hungern und dürsten; denn sie werden satt werden. Glücklich zu preisen sind die Barmherzigen; denn sie werden Erbarmen finden. Glücklich zu preisen sind die, die ein reines Herz haben; denn sie werden Gott sehen. Glücklich zu preisen sind die, die Frieden stiften; denn sie werden Söhne Gottes genannt werden. Glücklich zu preisen sind die, die um der Gerechtigkeit willen verfolgt werden; denn ihnen gehört das Himmelreich. Glücklich zu preisen seid ihr, wenn man euch um meinetwillen beschimpft und verfolgt und euch zu Unrecht die schlimmsten Dinge nachsagt. Freut euch und jubelt!"

Jesus weiß, wer sich glücklich schätzen darf, ja, vielleicht hat er sogar gemeint: Genießen können die ihr Leben, ...

... *die geistlich Armen sind, die nicht meinen, alles liegt in ihrer Macht. Sondern die sich dessen bewusst sind, dass sie nicht alles aus eigener Kraft und Anstrengung leisten müssen.*

... *die Trauernden, denn sie erfahren echte Gemeinschaft, die sie trägt, wo sie die Situation nicht ertragen können.*

... *die nach Gerechtigkeit und hungern und dürsten. Sie wissen, dass sie sich nicht selbst rechtfertigen können und müssen, sondern können sich beruhigt darauf verlassen, dass Gott ihnen Recht schafft.*

... *die barmherzig sind: Sie können Gefühle zulassen und ihren Gefühlen freien Lauf lassen.*

... *die reinen Herzens sind:* Die nicht geplagt sind von Gewissensbissen, nicht mit Schuldgefühlen herumlaufen, aus ihrem Herzen keine Mördergrube gemacht haben. Die, die loslassen, vergeben und vergessen konnten.

... *die Frieden stiften:* Die das Gefühl haben und vermitteln: Niemand kommt zu kurz. Was du hast, was du bist, was du kannst reicht, genügt. Ist gut genug!

... *die verfolgt werden:* Die so wertvoll sind, dass man ihnen nachjagt. Die so hochgeschätzt sind, das man ihnen nachfolgt. Die einen Lebensstil pflegen, der begehrenswert ist.

... *die um meinetwillen beschimpft und verfolgt werden,* denen man zu Unrecht die schlimmsten Dinge nachsagt, weil sie sich zu einer Sache bekennen, geradlinig, treu, standhaft, aufrecht, tapfer, ehrlich und ehrbar sind!

Ich möchte Ihnen gerne einen Liedtext mit auf den Weg geben, der mir wichtig wurde:

> *Genieß in vollen Zügen*
> *das Leben als Geschenk,*
> *jeder Augenblick ist kostbar,*
> *wie ein kleines Glücksmoment.*
> *Entdeck die Möglichkeiten,*
> *die das neue Jahr dir bringt,*
> *sei gesegnet und ermutigt,*
> *nur wer Neues wagt, gewinnt.*

Verliere keine Zeit
und nütz die Zeit, die dir noch bleibt,
sei verrückter als bisher
und werde risikobereit.
Mach dich frei, fall aus dem Rahmen,
bis der Rahmen endlich bricht,
hab den Mut zu noch mehr Fehlern,
bitte schäm' dich dafür nicht.

Verschwende keine Zeit,
um immer nur perfekt zu sein,
entspann dich endlich
und lieg in die Hängematte rein.
So vieles geht nur einfach
oder es geht einfach nicht,
so vieles ist so nichtig
und so vieles unwichtig.[5]

---

5 Text und Musik: Heiko Bräuning.
   Aus der CD: Lebenszeichen © 2012 cap-music

Dankbarkeit

Noch etwas war anders geworden: Das Gefühl der Dankbarkeit hatte sich irgendwie in den Nervenbahnen eingenistet. Die Nerven lagen in Stresssituationen nicht mehr blank. Sie schienen vor allem offen für die vielen Reizungen zur Dankbarkeit zu sein. Einem bisher unbeliebten Kollegen jetzt trotzdem dankbar gegenüber zu treten, das verbesserte mit einem Schlag das Betriebsklima. Einer undankbaren Aufgabe mit einer Portion Dankbarkeit zu begegnen, ließ mich sie anders angehen und meistern. Kindern mit Dankbarkeit zu begegnen, hilft sogar, manche schlechte Schulnote und vermasselte Klassenarbeit leichter zu ertragen. Selten war ich so oft im Blumenladen, um meiner Frau Blumen mitzubringen. Die Dankbarkeit, auch nach vielen Jahren Ehe, befreit dazu, Dankbarkeit in Wertschätzung und Hochachtung umzusetzen. Was für ein Geschenk, wenn man sich noch hat! Das muss doch täglich gefeiert werden! In Sachen Dankbarkeit hat mich folgende Geschichte bewegt:

Ein 92-jähriger Mann beschloss nach dem Tod seiner Frau, ins Altersheim zu gehen. Die Wohnung schien ihm zu groß, und er wollte für seine letzten Tage auch noch ein bisschen Gesellschaft haben, denn er war geistig noch in guter Verfassung. Im Heim musste er lange in der Halle warten, ehe ein junger Mann zu ihm kam und mitteilte, dass sein Zimmer nun fertig sei. Er bedankte sich und lächelte seinem Begleiter zu, während er, auf seinen Stock gestützt, langsam neben ihm herging. Bevor sie den Aufzug betraten, erhaschte der Alte einen Blick in eines der Zimmer und sagte: „Mir gefällt es sehr gut." Sein junger Begleiter war überrascht und meinte, er habe doch sein Zimmer noch gar nicht gesehen. Bedächtig antwortete der alte Mann. „Wissen Sie, junger Mann, ob ich den Raum mag oder nicht, hängt nicht von der Lage oder der Einrichtung, sondern von meiner Einstellung ab, von der Art, wie ich ihn sehen will. Und ich habe mich entschieden, glücklich zu sein. Diese Entscheidung treffe ich jeden Morgen, wenn ich aufwache, denn ich kann wählen. Ich kann im Bett bleiben und damit hadern, dass mein Körper dies und jenes nicht mehr so reibungslos schafft – oder ich kann aufstehen und dankbar sein für alles, was ich noch kann. Jeder Tag ist ein Geschenk, und solange ich meine Augen öffnen kann, will ich sie auf den neuen Tag richten, und solange ich meinen Mund öffnen kann, will ich Gott danken für all die glücklichen Stunden, die ich erleben durfte und noch erleben darf."

Ehrlich gesagt, wäre es schade, wenn diese Erkenntnis erst mit 92 Jahren käme! Aber so ist es oftmals: Wir leben in den Tag, als ob alles selbstverständlich sei. Wir verschließen die Augen vor den kleinen und großen Wundern, vor dem Einmaligen, vor dem Schönen, vor dem Unverdienten, vor dem nicht Selbstverständlichen. Was hat uns nur so geprägt, alles hinzunehmen, als sei es normal, typisch, gewöhnlich, üblich, regelmäßig, sowieso vorhanden?

Das Gefühl der Dankbarkeit hat sich wie ein Vermächtnis der Deadline in mir festgesetzt. Gar nicht so übel, zu was der Tod alles fähig ist, oder? War er bisher nur das Schreckgespenst, das in Gedanken mehr oder weniger Angst und Schrecken verbreitete, hilft er plötzlich mitten im Leben zu mehr Lebensqualität. Deshalb gehört anscheinend der Tod zum Leben: um das Leben in seiner Tiefe und Schönheit, in seiner Einmaligkeit und Reichhaltigkeit zu entdecken!

Etwas zum Dankbarsein:

Wenn du Nahrung im Kühlschrank, Kleidung auf dem Leib, ein Dach über dem Kopf und einen Schlafplatz hast ...
... bist du reicher als 75% dieser Welt.

Wenn du Geld auf der Bank, in deiner Brieftasche oder auch nur irgendwo herumliegen hast ...
... gehörst du zu den Top 8% der Reichen dieser Welt.

Wenn du heute Morgen eher gesund als krank aufgewacht bist ...
... geht es dir besser als der einen Million, die diese Woche nicht überleben werden.

Wenn du nie die Gefahr eines Krieges direkt um dich herum erlebt hast, die Einsamkeit einer Gefangenschaft, den Schmerz von Folterung oder das Elend von Hunger ...

... geht es dir besser als 500 Millionen anderer Menschen in dieser Welt.

Wenn du an einem Gottesdienst teilnehmen kannst ohne die Furcht, verfolgt, bedroht, verhaftet, gefoltert oder getötet zu werden ...

... bist du gesegneter als drei Milliarden anderer Menschen in der Welt.

Wenn deine Eltern noch leben und immer noch verheiratet sind ...

... gehörst du zu den Seltenheiten, sogar in Deutschland.

Wenn du dieser Zeilen lesen kannst ...

... hast du gerade einen doppelten Segen erhalten, weil jemand sich die Mühe gemacht hat, diese Zeilen für dich zu schreiben und außerdem ...

... bist du gesegneter als über zwei Milliarden Menschen in dieser Welt, die gar nicht lesen können.[6]

Es war schwer, vor der Deadline dankbar zu sein. Da lagen die Prioritäten auf anderen Dingen: Entscheidungen zu treffen, was wirklich wichtig, was unwichtig und

---

6 Verfasser unbekannt.

nebensächlich ist. Wenn man der Zeit hinterherrennt, wie wir es oft machen, weil sie uns davonrennt, bleibt wenig Zeit für die Dankbarkeit. Für Dankbarkeit brauchen wir aber die Zeit. Es braucht Zeit des Denkens, des Nachdenkens, für was man eigentlich dankbar sein kann. Schaffen wir uns ganz neu Dankbarkeitszeit! Zeit, in der wir Gründe für den Dank suchen und finden, aber auch Zeit, in der wir denjenigen danken, denen wir etwas zu verdanken haben. Es ist spannend, was Dankbarkeit mit uns macht: Eben nicht nur das, was misslungen und missglückt ist, füllt die Gedanken und beherrscht die Gefühle. Auch das, was geschafft wurde, gelungen ist, wirkt auf uns ein. Das Gute gewinnt die Oberhand. Und kann die negativen Gedanken in die Schranken weisen. Dankbarkeit ist aber darüber hinaus auch die Anerkennung, dass man nicht allein alle Fäden in der Hand hat. Vieles, für was wir dankbar sein können, haben wir nicht uns selbst zu verdanken, sondern verdanken wir anderen. Dankbarkeit ist Ausdruck von Wertschätzung, von Hochachtung, von Respekt.

Es gibt verschiedene Versuche, die belegen, dass Dankbarkeit das Verhalten verändert: Kunden eines Schmuckgeschäftes wurden nach dem Kauf eines Schmuckstückes angerufen und man bedankte sich für den Einkauf. Diese Kunden haben später um 70 Prozent mehr gekauft, als Kunden, bei denen man sich nicht bedankt hatte. Ich bin regelmäßig in einem guten Steakhouse! Ich genieße das gute Essen, den tollen Service, die

Freundlichkeit des Personals und die schöne Atmosphäre. Auf jeder Rechnung, die man mir serviert, steht: „Danke, dass Sie bei uns waren!" Diese Bedankung gefällt mir. In der Zwischenzeit weiß ich auch, warum jeder Kellner das drauf schreibt: Man fand heraus, dass solche „Dankeschön" auf Rechnungen zu höherem Trinkgeld führen! Klar, gebe ich gerne!☺

Auch das Judentum kennt unzählige Gebete, die sich mit der Dankbarkeit beschäftigen. Dankbarkeit ist eine Form der Wertschätzung und Anerkennung Gott gegenüber. Juden betonen zudem in ihren Gebeten und anderen religiösen Texten die Dankbarkeit für menschliche Freundlichkeit. Anscheinend haben sie erkannt: Wenn man aufhört, egoistisch zu sein, wird man offen für andere, man lernt zu schätzen, was sie Gutes tun, und man kann daher dankbar sein. Im Islam durchzieht den Koran ebenfalls das Thema Dankbarkeit. Dezidiert wird davon ausgegangen: Wer Gott dankbar gegenüber ist, erhält noch mehr von Gott. Auch in der Medizin und Psychologie weiß man heute: Dankbare Menschen sind glücklicher, leiden weniger unter Depressionen und Stress. Sie sind zufriedener und können mehr in ihre Beziehungen investieren. Dankbarkeit hilft, persönlich zu reifen, nach vorn zu kommen, sodass sich die gesunden Kräfte der Seele entfalten können. Dankbare Menschen haben andere und mehr Möglichkeiten, Konflikte zu lösen und mit schwierigen Situationen umzugehen. Und: Wer dankbar einschläft, schläft besser.

Einer meiner Spaßaussagen vor der Deadline war: „Dass ich das noch erleben darf!" Nach der Deadline ist sage ich den Satz nicht mehr nur aus Spaß, sondern er ist zu meinem Lieblingssatz geworden, er eine ganz neue Dimension entfaltet. Die Dimension der Dankbarkeit!

Meine Zeit nach der Deadline ist geprägt von Dankbarkeit. Ich glaube, man kann gar nicht mehr anders. Weil vorher so viel auf dem Spiel stand. Es gab so viel zu verlieren. Jetzt noch Zeit zu haben, um das Leben zu genießen, mit seinen Lieblingsmenschen zusammen zu sein, aus seinem Leben noch etwas zu machen: Viele gute Gründe, dankbar zu sein!

Konzentration

Neben dem Gefühl der Dankbarkeit für die geschenkte neue Lebenszeit hat sich ein weiteres Gefühl eingestellt: Ich will mich konzentrieren. Nicht verzetteln. Mit mehr Aufmerksamkeit, mehr Achtsamkeit, mehr Interesse als bisher durch die Tage gehen. Das macht doch unser Leben oft so oberflächlich: Dass wir unkonzentriert sind. Unaufmerksam. So entgeht uns vieles. Ein Kompliment wird überhört. Eine Hochachtung wird gering geschätzt. Eine Selbstverständlichkeit als normal einsortiert. Ich habe angefangen, mich zu konzentrieren: zu besinnen auf das, was ich kann (und es zu machen), und das zu lassen, was ich nicht kann.

Ich kann nicht Fußballspielen wie Ronaldo und kann nicht singen wie Andreas Bourani. Was ich aber kann: Menschen mit meinen Liedern ein wenig glücklich machen (und mich selbst☺), und ein wenig Skifahren und Schwimmen. Sich darauf zu konzentrieren, macht mich zufrieden.

Ich besitze keine Firma mit 3000 Angestellten, denen ich etwas zu sagen habe, aber ich habe einen wöchentlichen Fernsehgottesdienst mit Tausenden von Zuschauern, denen ich etwas weitersagen darf. Ich bin charakterlich nicht perfekt, werde niemals Fotomodel oder Filmstar, aber ich konzentriere mich auf eine persönliche Aussage Gottes: „Ich habe dich, Heiko, bei deinem Namen gerufen, du bist mein. Ich gehe mit dir, wenn es brenzlig wird, und wenn dir das Wasser bis zum Hals steht. Weil du so wertvoll ist und auch herrlich, und weil ich dir lieb habe." Ehrlich gesagt wiegt das mehr, als jedes Vorurteil gegen mich, jeder Klatsch und Tratsch, der in der Nachbarschaft über mich aufkommt.

Übrigens: In der Chemie gibt die Konzentration an, wie viel von einem Stoff in einem Gemisch ist.

Das habe ich für mich gelernt: Je weniger Heiko-Konzentrat ich bin, je mehr Gemisch aus allem möglichen, desto weniger steht mein Name für etwas. Ganz klar – bei Ford, Porsche, Mercedes denkt man sofort an die Erfinder wunderbarer Blechbüchsen. Bei Beethoven denkt jeder sofort an Toccata und Fuge oder Mondscheinsonate. Bei Alexander Gerst weiß jeder, dass er Astronaut ist. Sie alle sind konzentriert auf eine Sache. Sie sind ein Konzentrat. Für was steht mein Name? Bin ich Musiker? Pfarrer? Moderator? Diakoniker? Theologe? Bin ich der Radioandachter, der sonntäglich eine Call-In-Sendung macht, oder der Fernsehpfarrer? Was ist mein Konzentrat? Bisher war ich ein Gemisch. Und teilweise verwässert.

Meine Überzeugung war: je mehr, desto besser. Braucht zwar länger, aber es ist gut, viele Hüte aufzuhaben, oder sich viele Standbeine zu vertreten. Aber dieses Gemisch ist auf die Dauer nicht befriedigend und führt zu Unzufriedenheit. Man vergleicht sich in jedem Bereich mit anderen, die besser sind. Das zermürbt! Je größer aber meine persönliche, individuelle „Heiko-Dichte" ist, desto dichter bin ich ich selbst! Das heißt Zunahme der Dichte, also dessen, was wirklich meins ist – meine Begabung, mein Talent, meine Fähigkeit, wo ich unverwechselbar bin, vielleicht sogar überragend, unersetzlich, ungewöhnlich, beispielhaft. Je mehr davon, desto mehr Persönlichkeit. Je konzentrierter die Persönlichkeits-Dichte, desto dichter ist man sich selbst.

Konzentration heißt für mich, ich spüre und entdecke meinen Rhythmus. Ich muss und kann nicht alles zu jeder Zeit machen. Ich weiß, dass ich vor 8.00 Uhr morgens eigentlich nichts hinbekomme. Kreatives Arbeiten geht frühestens ab 9.00 Uhr. Nach dem Kaffee! Das gilt für mich. Auch weiß ich, dass ich im Herbst und den dunklen Stunden keine kreativen Gedanken bekomme und Lieder und Texte eher im Frühjahr schreiben muss. Ich spüre, wie die Kraft in den heller werdenden Tagen und Jahreszeiten zunimmt. Ich spüre die Lust, die aufsteigt. Dann gilt es, die Zeit zu nützen. Da kann es dann auch sein, dass man vieles in viel weniger Zeit erledigt.

Konzentration heißt, eins nach dem anderen. Etwas abschließen, bevor etwas Neues begonnen wird. Nicht auf tausend Hochzeiten tanzen. Nicht zu viele Eisen im Feuer liegen haben. Nicht zu viel Unerledigtes, was immer wieder aufgeschoben wird und dadurch Kräfte raubt. Das Abschließen einer Sache hat den Effekt, dass man ein Erfolgserlebnis verbuchen kann. Ich habe keine drei verschiedenen Buchprojekte am Laufen, nicht zwei verschiedene CD-Projekte. Ich schiebe die Steuererklärung nicht monatelang vor mich her. Ich vertage das Spielen mit den Kindern nicht um Tage. Ich schiebe nicht auf, sondern packe die Gelegenheit beim Schopf. Und merke dann: Ich habe etwas geschafft! Das sollte man innerlich festhalten und äußerlich feiern! Sich belohnen! Ich habe gelernt, mich zu belohnen: Gut essen zu gehen. Ins Thermalbad sitzen. Zwei Feierfreitage nehmen und frei feiern. Weil es zur Konzentration gehört. Es ist der Abschluss des Konzentrierens.

Konzentration heißt auch, im Hier und Jetzt zu leben. Nicht an der Vergangenheit festzuhalten, nicht von der Zukunft bestimmt zu werden. Den Augenblick, den Moment wahrnehmen, aushalten, durchhalten und genießen. Konzentration heißt, sich von großen Schwierigkeiten, scheinbar Unlösbarem nicht verrückt machen zu lassen. Es liegt ein kleines Geheimnis der Konzentration in der Lebensweisheit: „Es geht einfach, oder es geht einfach nicht." Ich empfange dadurch viel Gelassenheit, aber auch den Mut, manches auszuprobieren. Schließlich geht es einfach, oder es geht einfach nicht!

Einer der schönsten Gedanken zum Thema Konzentration stammt von Papst Johannes XXIII. in den sogenannten „Zehn Geboten der Gelassenheit"[7]:

---

7 Papst Johannes XXIII. (1881-1963).
   https://de.wikipedia.org/wiki/Die_10_Gebote_der_Gelassenheit. Zugriff: 15.02.2017.

1. *Nur für heute werde ich mich bemühen, den Tag zu erleben, ohne alle Probleme meines Lebens auf einmal lösen zu wollen.*

2. *Nur für heute werde ich größten Wert auf mein Auftreten legen und vornehm sein in meinem Verhalten: Ich werde niemanden kritisieren, ja, ich werde nicht danach streben, die anderen zu korrigieren oder zu verbessern – nur mich selbst.*

3. *Nur für heute werde ich in der Gewissheit glücklich sein, dass ich für das Glück geschaffen bin – nicht für die andere, sondern auch für diese Welt.*

4. *Nur für heute werde ich mich an die Umstände anpassen, ohne zu verlangen, dass die Umstände sich an meine Wünsche anpassen.*

5. *Nur für heute werde ich zehn Minuten meiner Zeit einer guten Lektüre widmen. Wie die Nahrung für das Leben des Leibes notwendig ist, ist eine gute Lektüre notwendig für das Leben der Seele.*

6. *Nur für heute werde ich eine gute Tat verbringen, und ich werde es niemandem erzählen.*

7. *Nur für heute werde ich etwas tun, wozu ich keine Lust habe. Sollte ich mich in meinen Gedanken beleidigt fühlen, werde ich dafür sorgen, dass es niemand merkt.*

8. *Nur für heute werde ich fest glauben – selbst wenn die Umstände das Gegenteil zeigen sollten – dass die gütige Vorsehung Gottes sich um mich kümmert, als gäbe es sonst niemanden auf der Welt.*

9. *Nur für heute werde ich keine Angst haben. Ganz besonders werde ich keine Angst haben, mich an allem zu freuen, was schön ist. Und ich werde an die Güte glauben.*

10. *Nur für heute werde ich ein genaues Programm aufstellen. Vielleicht halte ich mich nicht genau daran, aber ich werde es aufsetzen. Und ich werde mich vor zwei Übeln hüten: der Hetze und der Unentschlossenheit.*

Konzentration ist ursprünglich ein lateinisches Wort und bedeutet „zusammen zum Mittelpunkt". Beim Zeichnen einer Linie, die einen Punkt berühren soll, schauen die Augen bereits auf den Punkt, während die Linie gezogen wird. Genau das ist meinem Leben oftmals verloren gegangen: der Mittelpunkt. Das Gemeinsame. Über das Alltägliche hinauszuschauen und sich nur noch mit dem Trott abzugeben. Konzentration meint nicht das Versunkensein in Alltägliches, sondern meint einen zielgerichteten Blick. Wofür tue ich, was ich tue? Wofür bin ich? Wofür stehe ich? Wofür investiere ich meine Zeit, mein Können, mein Talent? Jeden Tag im Büro sitzen, seine Zeit absitzen, vielleicht um des Geldes willen, wäre eine Linie ziehen, ohne Kreise zu ziehen. Nur auf das Hier und Jetzt starren, macht starrsinnig. Das kann nicht die ganze Sinnhaftigkeit des Lebens und Arbeitens sein. Das Ziel muss der Mittelpunkt sein. Die Lebensmitte. Nur so lassen sich Aufgaben und Probleme meistern und lösen.

Dummerweise lässt die Konzentration oft nach. Mir persönlich helfen Auszeiten, um sich neu zu konzentrieren. Zeit, um Wichtiges vom Unwichtigen zu unterscheiden. Zeit, um Kraft zu tanken, um Ziele zu erreichen, die schon lange wie Wünsche in mir schlummern. Konzentrieren meint also nicht das engstirnige, das starr- und stumpfsinnige Alltagsgetue. Konzentration meint vor allem, das Ziel, den Mittelpunkt im Auge zu behalten. Aber das ist auch die größte Lebensaufgabe: für sich ein Ziel zu formulieren. Sich klar zu machen, wofür man lebt. Warum man tut, was man tut.

Oft schiebt man Entscheidungen, die dafür nötig wären, auf die lange Bank. Man hat ja auch morgen noch Zeit. Und überhaupt: Eventuell stellt sich von selbst in Kürze der Mittelpunkt als Hauptsache heraus. Genau dazu hilft die Deadline, um sich bewusst zu werden: Ich muss Entscheidungen selbst treffen, sonst entscheidet jemand anderes oder etwas anderes. Dann werde ich austauschbar, ersetzbar. Dann wird das ganze Leben willkürlich und verliert den für mich ureigensten Mittelpunkt. Aber wie findet man seinen Mittelpunkt?

Zur Mitte finden

Die Mitte, der Mittelpunkt ist das, was mein Leben bestimmt. Was es ausmacht. Wofür ich lebe.

Ich bin immer wieder überrascht, welche Antworten man auf die Frage, für was man lebt, bekommt: „Meine Kinder sind mein Leben. Ich lebe nur und gebe alles für sie." Doch dann sind die Kinder aus dem Haus. Und sie zollen einem noch nicht einmal Dankbarkeit dafür, dass man sich komplett für sie aufgeopfert hat.

„Ich lebe für meine Arbeit. Ich will nach vorn kommen, nach oben. Will erfolgreich sein." Und dann macht einem ein jüngerer Kollege einen Strich durch die Rechnung. Oder man merkt nach einer Umstrukturierung, wie man ersetzt wird und nicht mehr dafür gebraucht wird, wofür man sich so stark eingesetzt hat.

„Mein Leben beginnt, wenn die Kinder aus dem Haus sind, der Hund gestorben und ich monatlich meine Rente ausgeben kann, für das, was ich will. Und wenn ich in der kalten Jahreszeit in den warmen Gefilden überwintern kann." Dann heißt es plötzlich: „xy ist von uns gegangen. Er hat seine Krankheit tapfer ertragen. Er hatte noch so viele Pläne."

Mit Sicherheit ist es weder falsch noch verwerflich, sich solche Ziele und Pläne zu stecken und sein Leben daran auszurichten. Jeder braucht und hat etwas, was ihn antreibt. Die Frage ist nur, ob es mich am Ende enttäuscht, unerfüllt oder sogar im Hier und Jetzt schon unbefriedigt lässt.

Nehmen Sie sich doch jetzt Zeit und konfrontieren sich mit den folgenden Fragen: Habe ich den Mut gehabt, mein eigenes Leben bisher zu leben? Oder habe ich nur für andere gelebt und mich selbst aus den Augen verloren? Haben ich genug gearbeitet oder zu viel? Wieviel Zeit gehört eigentlich meinem Arbeitgeber, weil er dafür bezahlt? (Vermutlich nur 37,5 Stunden die Woche oder maximal 42 Stunden. Die anderen Stunden hat er nicht bezahlt, deshalb gehören sie ihm auch nicht. Deshalb hat er kein Recht daran und ich möchte sie ihm auch nicht schenken.) Habe ich den Mut gehabt, meine Gefühle anzusprechen? Meine Bedürfnisse, meine Wünsche, meine Empfindungen, meine Lust, meine Abneigung, meine Sympathie, meine Ablehnung zu benennen? (Wenn ich ehrlich bin: Wie oft habe ich stumm und regungslos irgendetwas hingenommen, was ich eigentlich gar nicht wollte, oder gar nicht konnte.) Wie oft habe ich etwas ertragen, was ich mir ganz anders gewünscht und vorgestellt hatte? Habe ich Zeit genug gehabt, um den Kontakt zu mir wichtigen Freunden und Bekannten aufrecht zu erhalten? Oder gehören die Kontakte längst der Vergangenheit an, sind an Verwahrlosung beendet, an Gleichgültigkeit gescheitert? Habe ich mir wirklich erlaubt, glücklicher zu sein? Wer hat es mir denn verboten? Eltern, Umstände, Freunde, Ehepartner, Kinder, was und wer? Habe ich nicht exklusive Rechte an meinem Lebensglück? (Wie oft verkaufen wir diese Rechte für einen Appel und ein Ei, geben die Rechte dafür aus der Hand – willkürlich, unbeabsichtigt oder den Umständen geschuldet.)

Sich diesen Fragen einmal zu stellen, ohne sich zu entschuldigen, rauszureden, oder rechtfertigen zu wollen, hilft, Veränderungen zu initiieren, um zur Mitte zu finden. Auch wenn es weh tut. Oft haben wir davor Angst, dass wir andere kränken und enttäuschen, wenn sie nicht mehr alles von uns bekommen, was sie bisher gewohnt sind und erwarten konnten. Oft haben wir Angst, Gewohntes loszulassen und angenehme, bekannte Pfade zu verlassen – eventuell stürzt man ja ins Ungewisse. Aber das Ungewisse ist nichts anderes, als das lang ersehnte eigene Leben, die eigenen Wünsche, die eigenen Vorstellungen.

Vor so viel Egoismus ist man doch schon sein ganzes Leben gewarnt worden. Soviel Selbstverwirklichung darf und muss doch wirklich nicht sein. Doch, denn es geht einzig und allein um *Sie persönlich*!

Und das ist sogar biblisch begründbar: Liebe deinen Nächsten wie dich selbst. Liebe! Dich selbst! Liebe meint: echtes Interesse. Wertschätzung. Akzeptanz. Das war damals den Griechen in ihrem Denken und ihrer Sprache ganz neu. Sie kannten nur zwei Formen von Liebe: Eros – die sexuelle Liebe. Und die Philia – die

Liebe zu Dingen und Eigenschaften (Hobbies, Leiden-schaften, Herzenswünsche). Die neue Liebe, die Agape, meint aber: Interesse, Wertschätzung, Akzeptanz. Liebe dich selbst heißt also: höchstes Interesse für die eigenen Wünsche und Bedürfnisse. Wertschätzung der persönlichen Eigenschaften, Möglichkeiten, Persönlichkeit. Akzeptanz der eigenen Grenzen und Schwächen. Der eigenen Fehlbarkeit und Möglichkeiten. Der eigenen Befähigung und Begabungen. Ein für mich wichtiger Impuls, zur eigenen Mitte zu gelangen, ist das Finden eines Lebensmottos. Einer Überschrift über den zweiten Teil es Drehbuchs. Wie soll der Lebensfilm heißen? Ein Lebensmotto oder eine Lebensphilosophie ist ein Satz, der die Essenz dessen bildet, was mir immer schon wichtig war. Ein Lebensmotto könnte lauten: work hard, pray hard, trust God. Ein anderes könnte sein: „Entweder es geht einfach, oder es geht einfach nicht."

Ich habe von einigen Prominenten deren Lebens-motto für Sie zusammengetragen:

„Ich denke niemals an die Zukunft, sie kommt früh genug."
(Albert Einstein)

„Du kannst den Wind nicht ändern, aber du kannst die Segel anders setzen." (Aristoteles)

„Wege entstehen dadurch, dass wir sie gehen." (Franz Kafka)

„Entspanne dich, lass das Steuer los. Trudle durch die Welt, sie ist so schön." (Kurt Tucholsky)

„Wenn deine Träume dir keine Angst machen, sind sie nicht groß genug." *(Ellen Johnson-Sirleaf)*

„Der einzige Fehler ist fast immer, zu glauben, dass mein Standpunkt der einzige ist, von dem aus man die Wahrheit sehen kann." *(Jorge Bucay)*

„Die Zukunft hängt von dem ab, was du heute tust."
(Mahatma Gandhi)

„Das Leben beginnt am Ende deiner Komfortzone."
(Neale Donald Walsch)

„Um ein kreatives Leben zu leben, müssen wir die Angst davor verlieren, Fehler zu machen." *(Joseph Chilton Pearce)*

„Kritisiere dein Ich, aber verzweifle nicht daran." *(Epiktet)*

„Mut steht am Anfang des Handelns, Glück am Ende."
(Demokrit)

„Verändere deine Gedanken und du veränderst deine Welt."
(Norman Vincent Peale)

„Wer immer tut, was er schon kann, bleibt immer das, was er schon ist." *(Henry Ford)*

„Am Ende wird alles gut. Wenn es nicht gut ist, ist es nicht das Ende." *(Oscar Wilde)*.

Und wie lautet Ihr Lebensmotto?

Mein persönliches Lebensmotto lautet: „Versöhnen und verwöhnen." Ich bin ein Mensch, der sagt, was er denkt. Ich kann aus meinem Herzen keine Mördergrube machen. Wenn man offen sagt, was man denkt, kann man schon mal Menschen verletzen. Dann ist Versöhnung angesagt. Vergeben und vergessen. Wir sollten immer genug Kraft haben, um den ersten Schritt der Versöhnung auf einen anderen Menschen zuzugehen. Die schwerste Last im Leben ist die, einem Menschen etwas nachzutragen. Mit Unvergebenem leben zu müssen, nimmt einem alles an Lebensglück und Lebensqualität. Zum Versöhnen gehört aber auch das Verwöhnen. Ich bin der Meinung – und mache es auch –, kleine Siege dürfen gefeiert werden. Wir dürfen uns verwöhnen lassen und andere verwöhnen. Verwöhnen ist für mich genießen! Wer viel Grund hat, dankbar zu sein, darf auch viel feiern! Deshalb das Motto: „Versöhnen und verwöhnen."

Die Möglichkeiten der Versöhnung und die Chancen des Verwöhnens nehmen in meinem Leben viel Zeit ein. Ich empfehle Ihnen, Ihr persönliches Lebensmotto zu finden. Das sollte kein langer Satz sein. Kurz und prägnant. Meistens sind es Sätze, die schon lange unser Denken prägen. Die immer wieder in uns klingen.

Eine andere Hilfe, um zur Mitte zu finden, war das Entdecken des Lebensthemas! Damit ist nicht ein Hobby gemeint, das, was ich gerne mache. Sondern eher das, worüber ich locker eine Stunde aus dem Stand vor anderen referieren könnte. Worin ich absoluter Experte bin. Wenn ich in anderen ein Aha-Erlebniss oder einen Wow-Effekt auslöse.

Womit verblüffen und überraschen Sie andere? Vielleicht ist es ein Thema aus der Kindererziehung, dem

Sport oder Haushalt. Aus der Konfliktbewältigung oder der Beziehungswelt. Aus der Finanzwelt. Aus dem Bereich Freizeit und Hobby. Aus dem, was Sie beruflich machen. Ich habe mit dem Thema Deadline mein Lebensthema gefunden. Und als Theologe habe ich mein Lebensthema in nur zwei Begriffen aus der Bibel gefunden: Liebe – Frieden. Da meine ich Sachen zu wissen, die kein anderer weiß, und mit denen ich immer wieder Menschen überraschen kann. Natürlich bestimmt dieses Lebensthema den Alltag auch zeitlich intensiv.

Einen wichtigen Punkt will ich noch zu bedenken geben: Jeder von uns hat auch negative Lebensthemen, die sich wie ein roter Faden durchs Leben ziehen. Gewohnheiten, die man seit Jahren verändern will, aber es nicht schafft. Selbstzweifel, weil man sich selbst nicht so annehmen kann, wie man ist. Schmerz, der so groß ist, dass man ihn kaum ertragen kann. Ohnmacht, weil man Not sieht, aber nicht weiß, wie man helfen kann. Sinnfragen, die einen immer wieder zweifeln lassen. Resignation, weil doch alles sinnlos erscheint. Angst, weil man weiß, dass man sterben wird.

Vielleicht wird genau aus diesen destruktiven Themen ein konstruktives Lebensthema bei Ihnen, weil Sie – Dank der Deadline – anfangen, diese negativen Lebensthemen anzugehen, sie zu verwandeln. Ihre eigene Weise damit umzugehen, wird in vielen anderen ein *Aha* oder ein *Wow* auslösen!

Loslassen

Alle vorangegangenen Themen münden in das für mich persönlich Wichtigste: Das Loslassen. Denn dankbar sein, genießen und konzentrieren gehen nur, wenn ich vorher loslasse.

In der Familie ist große Aufregung. Der kleine Fritz hat in bubenhafter Neugier mit Mutters kostbarer Kristallvase gespielt und ein Geldstück hineinklimpern lassen. Dann steckt er gedankenlos seine Hand hinein, um es sich wieder zu angeln. Zuerst dreht er voller Freude die Vase mehrere Male um seine Faust und beobachtet interessiert den Glanz des geschliffenen Glases im Licht der Sonnenstrahlen. Aber als er nun die Hand wieder herausziehen will, gelingt ihm dies nicht. Er versucht es wieder und wieder, wird zappelig, aber die schöne, glänzende Vase bleibt an seiner Hand hängen. Er zerrt und quetscht, aber alles umsonst. Voller Angst fängt er plötzlich jämmerlich zu weinen an. Da werden Schritte auf der Treppe laut. Die Mutter kommt, und als sie sieht, was geschehen ist, sagt sie pragmatisch: „Junge, zieh die Hand aus der Vase!"

„Ich kann nicht, Mama! Es geht wirklich nicht!" Die Mutter versucht, ihm zu helfen, aber vergebens. Fritz steht da wie ein Häufchen Elend. Wieder sind Schritte auf der Treppe zu hören. Der Vater kommt und erfasst mit einem Blick die Situation. „Na", sagt er und es huscht ein Lächeln über das Gesicht, wie er Fritz so mit der Hand in der Vase dastehen sieht, „was hast du dir denn wieder geleistet?" Entschlossen tritt er vor den Jungen: „Fritz, öffne deine Faust und zieh deine Hand mit einem Ruck aus der Vase!" Da heult der Kleine auf: „Ich kann nicht, ich habe ein Geldstück in der Hand!" „So lass das Geldstück los und strecke die Finger", befiehlt der Vater. Ein leises Klirren in der Vase, und die Hand gleitet heraus. Vater und Mutter lachen erleichtert und Fritz bekommt wieder Farbe ins Gesicht.

Wir können so schwer loslassen! Soviel halten wir noch fest, was uns hindert, freizukommen! Ein chinesisches Sprichwort sagt: „Nur wer loslässt, hat beide Hände frei." Loslassen von Dingen, die nicht mehr sind, oder nie waren, oder nie sein werden. Das ist nicht nur schwer, sondern auch schmerzhaft.

Die Deadline hat mir geholfen, loszulassen: von Menschen, von Ideen, von Träumen, von Wünschen, von falschen Entscheidungen, von Irrwegen, von Illusionen. Bei der definitiven Deadline, am Lebensende, gilt es von allem loszulassen. Ohne Wenn und Aber. Ohne, dass ich etwas dazu beitragen kann. Bei der fiktiven Deadline habe ich noch alle Möglichkeiten, meinen freien Willen und geschenkte Zeit, die ich nützen kann! Trotzdem ist der Einschnitt da, der mir hilft, vorausschauend zu überlegen, was loszulassen ist.

Auch die Vorstellung meines BWL-Dozenten, bis zum 30. Lebensjahr alles erreicht haben zu müssen, was mich ausmacht, musste ich loslassen. Denn ich hatte mit 30 längst nicht alles erreicht. Und jagte trotzdem bis vor die Deadline immer noch bestimmten Zielen und Plänen nach.

Die Kirche hat mir vorgeschrieben, was ein perfekter Pfarrer zu tun und zu lassen hat, damit er einer ist. Von dieser Vorstellung musste ich loslassen, weil ich es nicht erfüllen konnte und die Bedingungen nicht zu mir passten. Das heißt, sich zu befreien, zu lösen aus einem ganzen System, das eigentlich bis zum Lebensende gut für einen sorgt: Beamtenstatus, tolle Krankenversicherung, einträgliches Auskommen, viele Möglichkeiten, sich weiterzuentwickeln, Titel, Ansehen, Ehre usw. Loszulassen ist nicht einfach!

In meinem näheren Umfeld konnte ich vielen Erwartungen und Rollen nicht gerecht werden. Das geht schon als Sohn meiner Eltern los, als Bruder meines Bruders, als Ehemann meiner Frau, als Vater meiner Kinder, als Freund von Freunden. Diesbezüglich loszulassen vom Ideal, vom Streben nach Perfektion, nach ständiger Veränderung, um in den Rahmen zu passen ... ist nicht nur schwer, sondern auch schmerzhaft.

Gott sei Dank hat mir Gott die Gabe geschenkt, nichts und niemandem etwas nachzutragen. Weder nachtragend zu sein, wenn Menschen an mir schuldig geworden sind oder ich an ihnen. Noch Dinge nachzutragen, mit mir rumzuschleppen, die längst der Vergangenheit angehören und nicht mehr zukunftsfähig sind. Was aber zeichnet diese Gabe aus? Die beste und schönste Gabe, die mir mitgegeben wurde, und die ich tatsächlich auch umsetzen kann.

Vergeben und vergessen sind die Grundlagen des Loslassens. Vergeben heißt: vergeben, abgeben, weggeben, nachgeben, und, in Ergänzung dazu, die Dinge wortwörtlich „schönreden", sprich, gut darüber zu denken und zu reden. Nicht mürrisch, griesgrämig, verletzt, beleidigt und belastet. Sondern *segnend*. Das meint das biblische Wort *Segen*: gut sprechen, gut denken. Schön davon reden. Am deutlichsten wird das in der Aussage Jesu (Matthäus 5,44; SLT): „Segnet, die euch fluchen!"

Wenn wir verletzt und beleidigt, verrufen und verachtet werden, steigt in uns das Gefühl von Hass, Rache und Wiedergutmachung auf. Jesus empfiehlt zu vergeben, indem man die Ursache des Bösen *segnet*. Gut zu reden, gut zuzureden, dem andern, mir selbst. Und es hat – meiner Erfahrung nach – einen fantastischen Nachgeschmack: Wer segnet, kann in Frieden loslassen, ruhenlassen. Ohne die negativen Gefühle und Gedanken. Manch ein Psychologe empfiehlt, das Schwere, das Leidvolle, das Schmerzliche „liebzugewinnen", es zu „umarmen". Darin liegt die heilsame Kraft des Vergebens: Ich verwandle das, was mir mühevoll und belastend ist, durch die Umkehr in Leichtigkeit. Interessant dabei ist auch, dass uns ja meistens die negativen Gedanken und

Gefühle, die Schmerzen und das Leid im Griff haben. Sie bestimmen uns. Wer vergeben kann, kann den Spieß umdrehen und bestimmt aus freiem Willen und ohne Zwang die Situation.

Zum Vergeben gehört auch das Vergessen können und wollen. „Vergeben kann ich dir – vergessen nie!" – das habe ich schon oft in der Seelsorge gehört. Aber wie ist dann Vergeben möglich? Wie ist dann ein Neuanfang möglich? Beim nächsten Streit kommt alles wieder aufs Tablett. Alle früheren Anschuldigungen, alles alte Fehlverhalten. Die alten Denkmuster kommen alle wieder hoch: „Ich war schon immer ein Versager"; „Ich tauge nichts"; „Ich habe nicht genug" usw.

Vergessen meint, etwas aus dem Gedächtnis zu streichen. Nicht vergessen heißt, alles beim Alten stehen und beschrieben lassen. Menschen und Situationen auf ewig festschreiben, festlegen, sie fixieren. Das heißt, vergessen kann ich eigentlich nur dann, wenn ich das Festgeschriebene überschreibe. Ich sehe den Menschen, der an mir schuldig wird, nicht als den Verletzenden. Ich schreibe ihm neue Eigenschaften zu, die er mit Sicherheit auch besitzt, von mir aber zu wenig wahrgenommen wurden. Wenn meine Frau mich verletzt – bzw. ich mich verletzt fühle(!) –, dann macht das ja noch nicht ihre Persönlichkeit aus. Dann sind das von ihr, wenn's hoch kommt, gerade mal 1-2 Prozent! In den anderen 98 Prozent liegt doch so viel Gutes, so viel Einmaliges. Sollte das eine schlechte Wort, der eine Streit, das Missverständnis die andere Person für immer in eine Schublade stecken, in die sie gar nicht gehört? Vergeben und vergessen heißt: Ich beschreibe die Situation in Gedanken neu, schreibe dem anderen die guten Seiten zu – die ja unzweifelhaft da sind – und überschreibe somit die Zeilen der negativen Gedanken mit dem Guten, Schönen, Positiven.

Als zu Jesus einmal eine Ehebrecherin geführt wurde, die auf frischer Tat ertappt wurde, schrieb er etwas in den Sand. Vielleicht das Urteil über sie. Vielleicht ihr unmoralisches Verhalten, vielleicht ihre Schuld. Man rätselt, warum Jesus so etwas in den Sand schreibt und nicht in Stein meißelt. Eine Erklärung wäre: Wenn der Wind oder das Wasser über den Sand fährt, verschwindet das Negative. Löst sich in Luft auf. Wird vergessen! Danach entlässt er sie, nicht ohne ihr zuzumuten und sie zu ermutigen: Ich trau dir zu, dass du es auch anders kannst!

Das gilt auch für die alten Denkmuster und Verhaltensweisen, die so schwer zu vergeben und zu vergessen sind: Das Blatt nochmals neu beschreiben! Mit dem Positiven und den Potenzialen! Nicht: „Ich war schon immer so"; „Ich kann mich nicht ändern"; „Da ist alles zu spät". Sondern: anknüpfen an dem, was an Gutem, an Möglichkeiten da ist.

Es ist für mich wie ein Geschenk, vergeben und vergessen zu können. Am nächsten Morgen, nach dem Streit, sieht alles wieder ganz anders aus. Vorausgesetzt, man hat sich vergeben und dies auch zugesprochen. Es ist ein Geschenk, wenn man neu anfangen und loslassen kann und nicht alle Altlasten mit sich rumschleppen muss. Vergeben und Vergessen bezieht sich nicht nur auf mein Verhältnis zu anderen Menschen. Es geht auch um das Verhältnis zu mir selbst. Auch da gilt es immer wieder, mit mir und meiner Geschichte ins Reine zu kommen und zurechtzukommen. Auch da gilt es, nicht an Negativem anzuknüpfen, alte Bilder und Gedanken „hängen" zu lassen und mich darauf zu versteifen und festzulegen. Gerade auch im Umgang mit mir selbst gilt es, immer wieder zu vergeben und zu vergessen. Meine Persönlichkeit ist mehr als die paar Prozent, wo mir etwas nicht gelungen ist, wo ich versagt habe, wo ich etwas schuldig geblieben bin.

Ein Lehrer bat seine Schüler, in die nächste Stunde einen Plastiksack und einen Sack Kartoffeln mitzubringen. Für jeden Menschen, der ihnen in ihrem Leben angetan hatte und dem sie dies nicht verzeihen wollten, sollten die Schüler eine möglichst große Kartoffel wählen, darauf dessen Namen schreiben und die Kartoffel in den Plastiksack legen. Nun sollten sie diesen Sack Kartoffel eine Woche lang mit sich herumtragen, d.h. überall dahin mitnehmen, wo sie hingingen. Dies machte den Schülern klar, welche Last man mit sich herumträgt, wenn man einem anderen nicht verzeiht, und wie belastend es ist, an Kränkungen und Groll festzuhalten.

Mit dem Loslassen, dem Vergeben und Vergessen, stellt sich vieles von selbst ein: Man hat wieder Lust, das

Leben zu genießen. Auch mit den Menschen, mit denen man es sich vorher nicht vorstellen konnte. Man hat wieder Kraft, sich zu konzentrieren und zu seiner Mitte zu finden. Weil man die Gedanken frei hat und nach vorn sehen und denken kann.

Eine Einübung ins Loslassen bekommt man bei Paulus. Er könnte damit fast in die Riege der Philosophen aufsteigen. Es ist die Philosophie des „haben, als hätte man nicht".

In 1. Korinther 7,29-31 (Luther 2017) entfaltet er diese Philosophie: „Das sage ich aber, liebe Brüder: Die Zeit ist kurz. Auch sollen die, die Frauen haben, sein, als hätten sie keine; und die weinen, als weinten sie nicht; und die sich freuen, als freuten sie sich nicht; und die kaufen, als behielten sie es nicht; und die diese Welt gebrauchen, als brauchten sie sie nicht. Denn das Wesen dieser Welt vergeht."

Haben, als hätte man nicht. Ein Haus haben, als hätte man keines. Ein Auto, als hätte man keines. Einen Beruf, als hätte man keinen. Eine Frau, als hätte man keine. Kinder, als hätte man keine. Plötzlich wird das Haben nicht mehr zum *Festhalten*, sondern der Anfang zum *Loslassen*, zum *Freilassen*. Man hält es nicht fest wie fette Beute, sondern „vergibt", was man hat. Gibt ab. Gleich in dem Moment, in dem man es besitzt. Wer eine Frau hat, als gehöre sie ihm, als besitze er sie – der verliert schnell den Respekt und die Hochachtung für sie. (Sage ich als Mann – vermutlich ist es umgekehrt genauso!) Wer Kinder hat, als besitze er sie, als müsse er sie festhalten wie *Besitz*, der engt sie ein und beschwert ihre Entwicklung zur Eigenständigkeit und zur eigenen Persönlichkeit. Wer ein Auto hat, als sei es sein „heiliger" Besitz, der ärgert sich maßlos über jeden Kratzer, über jeden Blechschaden! Wer dagegen hat, als hätte er nicht, der lässt automatisch los. Der befreit sich vom Stress des Haben- und Festhaltenmüssens. Denn die Angst, etwas zu verlieren, gezwungenermaßen loslassen zu müssen – das raubt uns Lebensqualität.

Paulus entfaltet seine Philosophie gerade vor der Annahme, dass die Zeit kurz ist. Was wir haben, macht für ihn „das Wesen der Welt" aus. Doch gerade das ist alles vergänglich.

Vor jeder fiktiven Deadline ist die Zeit kurz. Man merkt, dass alles in Anbetracht einer Deadline vergänglich ist.

Zum einen stimmt es also, was der Volksmund sagt: „Man kann dem Leben nicht mehr Zeit geben, aber der Zeit mehr Leben." Auf der anderen Seite aber kann man durch eine Deadline die Zeit zunächst beschränken, um sich auf das Wesentliche und Wichtige zu konzentrieren und dann zu erleben, wie danach die geschenkte Mehrzeit, das Leben nicht länger, aber reicher und tiefer macht.

Bleibt alles beim Alten?

Albert Schweitzer sagt: „Die reinste Form des Wahnsinns ist es, alles beim Alten zu belassen und gleichzeitig zu hoffen, dass sich etwas ändert!" Ich selbst konnte nach der Deadline nicht alles beim Alten belassen. Es ging nicht. Absolut nicht. Alle Lebensbereiche waren von Veränderungen betroffen. Manches ließ sich schnell und einfach umsetzen, anderes brauchte Zeit. Veränderungsprozesse brauchen manchmal Zeit. Aber es ist wichtig, dass sich etwas tut. Denn die Zeit ist kurz, und die Zeit, die wir haben, ist zu wertvoll, als dass wir sie verrinnen lassen.

Die Zeit *vor* der Deadline war zur Verfügung stehende Zeit. Ein Wenig an Zeit. Kurze Zeit, in der es wichtig war, gute Entscheidungen zu treffen. Die Zeit *nach* der Deadline ist geschenkte Zeit. Ein Mehr an Zeit! Es ist ein neues Lebensgefühl, eine neue Lebensqualität, mit diesem Mehr an Zeit dankbar zu leben!

Ich habe auch jetzt noch nicht die Vorstellung, einmal perfekt sterben zu wollen. Aber ich möchte klug und weise leben.

In der Zwischenzeit habe ich mit vielen Menschen über diese Deadline gesprochen, u.a. auch mit vielen Schülerinnen und Schülern. Es war jedesmal verblüffend, wie schnell die Zeit verging und welche tiefsinnigen und tiefgründigen Gespräche und Einsichten zutage kamen. Ganz klar: Das Thema Deadline betrifft jeden! Egal welchen Alters, egal in welcher Lebenslage.

Mit einem Bekannten habe ich auch darüber gesprochen. Das Gespräch verlief etwas überraschend, als ich ihm erzählte, was ich gerade tue: Ein Buch über mein fiktives Sterbedatum, meine persönliche Deadline zu schreiben. Und wie wichtig die Zeit vor der Deadline war, um wesentliche Entscheidungen zu treffen, beruflich, familiär usw. Aber auch wie wichtig die Zeit nach der Deadline ist, um in vielen Bereichen einfach neu zu beginnen. Darauf erzählte er mir, dass er sich gerade in einer schweren Ehekrise befinde und alles Spitz auf Knopf stehe. Sie wollten sich trennen. Und er erzählte weiter, wie die Kinder leiden würden, dass er nachts nicht mehr schlafen könne. Und wie er in der Arbeit nichts mehr hinbekäme. Mit Tränen in den Augen sagte er dann, dass er sich nun für seine Ehe so eine Deadline setzen wolle. Ehe es zu spät ist, am Ende, wo man nichts mehr tun kann, wollte er jetzt vorher die Zeit nützen, um Entscheidungen zu treffen. Soviel hatte er schon lange anders machen wollen. Nicht jedes Wochenende nur seinem Hobby nachgehen, sondern auch den Wünschen und Bedürfnissen seiner Frau nachkommen. Aber er habe Angst gehabt, den Anschluss zu verlieren, Freundschaften aufs Spiel zu setzen und und und. Tausend Gründe, keine Entscheidungen zu treffen, alles beim

Alten zu belassen und damit alles zu verlieren. Jetzt wusste er, um was es ging. Er wollte mithilfe der Deadline Entscheidungen treffen, die längst überfällig waren. Bis zu dieser Deadline wollte er etwas verändert haben und danach neu anfangen. „Ich setze mir eine Deadline für meine Beziehung. Was soll bis zu diesem Zeitpunkt alles geschehen? Was kann und muss ich tun? Was erwarte ich? Was will ich bis dahin wiedergutmachen? Was kann ich erwarten, erhoffen? Was kann ich ändern? Was soll bis dahin gut werden? Und dann feiern wir einen Neubeginn!"

Das hat mir gezeigt: Eine Deadline muss sich nicht nur auf die Lebenszeit beziehen. Sie kann auch in der Ehe Wunder bewirken. Sie kann im Beruf Wunder wirken. Bei all unseren Zielen, Plänen, Wünschen, Träumen und Visionen.

Ich erinnere mich an einen Mann, dessen Frau ich beerdigt habe. Sie war sehr engagiert. Und er wurde von ihr immer sehr inspiriert. Während der Ehe malte er die schönsten Bilder. Er war ein begnadeter Künstler. Nach dem Tod seiner Frau – sie musste schwer und lange leiden – verhängte er sein gesamtes Atelier mit Tüchern und betrat es über ein Jahr lang nicht wieder. Ich selbst wusste nichts von seiner künstlerischen Begabung. Aber nach der Beerdigung seiner Frau besuchte ich ihn regelmäßig. Er hatte keinen Lebensmut mehr. Das Leben machte für ihn keinen Sinn mehr. Wir kamen in den Gesprächen irgendwann auch auf seine persönliche

Deadline zu sprechen. Nach langen Diskussionen und vielen Tränen ergriff er meine Hand und forderte mich auf, mitzukommen. Er ging mit mir in sein Atelier, nahm die Tücher ab, ergriff den Pinsel und begann zu malen. Er hatte eine Entscheidung getroffen: Die Lebenszeit ist zu kurz, um sie in Selbstmitleid und Trauer zu ersticken. Er fing an, loszulassen, sich zu versöhnen und wieder zu verwöhnen. Lange Zeit noch hatten wir Kontakt. Immer wieder zeigte er mir seine neuen Bilder. Er war für mich ein Beispiel des *Klugwerdens*.

Folgende Geschichte habe ich im Internet gelesen und sie hat mich inspiriert: „Ein sechzigjähriger Mann litt seit einiger Zeit an Schwindelgefühlen und sah des Öfteren weiße Punkte vor seinen Augen. Er suchte deshalb einen Arzt auf. Nach eingehender Untersuchung wurde ihm gesagt, dass er an einer sehr seltenen Krankheit leide und höchstens noch ein halbes Jahr zu leben habe. Der Mann gab seine Arbeit auf, er kaufte sich einen Sportwagen, buchte eine Weltreise und machte all die Dinge, die er schon längst einmal hatte machen wollen, wozu er aber bisher nicht genug Zeit oder Geld gehabt hatte. Unter anderem suchte er das Geschäft eines vornehmen Herrenausstatters auf, um sich zum ersten Mal in seinem Leben ein maßgeschneidertes Hemd und einen passenden Anzug anfertigen zu lassen.

Der Schneider maß die Halsweite: ,42 cm.' ,Nein', sagte der Mann, ,das kann nicht sein, meine Hemden haben immer die Kragenweite 40.' Der Schneider maß noch einmal nach: ‚Hier, mein Herr, sehen Sie selbst, es sind 42 cm.' Der Mann entgegnete: ‚Nein, ich habe immer Kragenweite 40 gehabt. Ich möchte ein Hemd mit der Kragenweite 40.' Der Schneider sagte: ‚Wie Sie wünschen, mein Herr, ich werde Ihnen ein Hemd mit Kragenweite 40 anfertigen. Aber lassen Sie mich ein Wort der Warnung aussprechen: Der Kragen wird auf Ihre Halsschlagader drücken, sodass Sie Schwindelgefühle haben werden und weiße Punkte vor Augen sehen.'"

So vieles passt nicht! So vieles müsste geändert werden. So vieles wird verdrängt und ausgesessen. Es fehlt am Mut zur Entscheidung. Es fehlt der nötige Druck, um Entscheidungen zu fällen. Bei der definitiven Deadline ist es zu spät! Machen Sie jetzt etwas draus! Ziehen Sie die fiktive Deadline vor, stellen Sie sich Ihren eigenen Tod vor, entwerfen Sie Ihre Todesanzeige. Und werden Sie durch das Bedenken des eigenen Sterbens klug!

Eine kurze Selbstanleitung

1. Setzen Sie sich Ihre fiktive Deadline.
2. Entwerfen Sie Ihre Todesanzeige. Welche Personen erscheinen darauf?
3. Nehmen Sie sich Zeit für ein Drehbuch. Wie soll der erste Teil Ihres Lebensfilmes heißen?
4. Formulieren Sie die Entscheidungen, die zu treffen sind. Was ist Ihnen wirklich wichtig? Was möchten Sie nicht bereuen?
5. Setzen Sie für jede Entscheidung ein Datum, bis wann sie entschieden werden muss!
6. Wenn die Deadline abgelaufen ist: Für was sind Sie dankbar?
7. Wie können Sie konkret ab jetzt genießen? Was nehmen Sie sich vor?
8. Formulieren Sie Ihre Lebensmitte durch: a) Ihr Lebensmotto und b) Ihr Lebensthema.
9. Was möchten Sie loslassen? Wo sind Vergebung und Verwöhnung angesagt?

»Ich glaube, wir sind gar keine Grabsteine, sondern Meilensteine an einem Weg, der weiterführt.«

Bücher von Heiko Bräuning

Herr, ich rufe zu dir
Gebete für jeden Tag

Wenn die Worte anderer einem aus dem Herzen sprechen, weil man selbst keine Worte mehr findet, dann ist dieses Buch ein großer Segen.
Eine Sammlung von Gebeten, die schon viele Menschen angesprochen und die sie zu ihren eigenen Gebeten gemacht haben.
Buch 52 50502
Gebunden, 156 Seiten

Ich will euch trösten
Hoffnungsvolles und Tröstliches

Ein Trostspender für viele Lebenslagen.
Trost und Hoffnung in 40 Kurzgeschichten, die ermutigen und unterhalten – 40 „Getrost"-Worte, die in unser Leben sprechen. Mit Bibelvers und einer kurzen Anregung, Meditation, Gebet. Wertvoll illlustriert mit eindrucksvollen Bildern verschiedener Künstlerinnen.
Buch 52 50501
Gebunden, 80 Seiten, vierfarbig

---

cap-music • 72221 Haiterbach-Beihingen • Tel.: 07456-9393-0 • info@cap-music.de
www.cap-music.de

Shalom über Israel

13 gut lesbare und alltagstaugliche Kurzpredigten zu 13 biblischen Texten.

Lebensnah, ermutigend, treffend.

Entstanden bei einer Israelreise an den Originalschauplätzen im Heiligen Land. Jede Impulspredigt wird ergänzt mit fünf Fragen – perfekt für Hauskreise, Predigten und zum persönlichen Nachdenken.

Auf der beigefügten DVD sehen Sie eindrucksvolle Landschaftsaufnahmen von den entsprechenden biblischen Orten in Israel, unterlegt mit Musik von Michael Schlierf und Reinhard Börner.
Ergänzt werden die Filme von einer Diaschau mit 150 Bildern aus Israel.

Buch mit DVD 52 50491
Paperback, 152 Seiten, mit DVD

Was unterwegs geschehen ist

Hoffnungsgeschichten auf dem Lebensweg

Der bekannte TV-Pfarrer Heiko Bräuning hat gesammelt und selbst erlebt: Geschichten, die das Leben geschrieben hat, Geschichten, die sich auf dem Lebensweg unterwegs ereignet haben. Als Ermutigung, zur Inspiration, zur Unterhaltung. Perfekt als vergnügliche oder nachdenkliche Lektüre, auch als Einstieg in Andachten.

Buch 52 50438
Gebunden, 300 Seiten, mit Lesebändchen

Musik von Heiko Bräuning

Lebenszeichen
Lieder, die ein Zeichen des Lebens sind.
Lieder, die Zeichen der Hoffnung setzen.
Lieder, die ermutigen und trösten.
CD 52 07211
**Liederheft mit drei Bonusliedern
52 57211**

Galerie des Lebens
Heiko Bräuning versteht es ausgezeichnet, Situationen des Lebens und Bibelworte in Liedern eindrücklich zu verarbeiten. Seine Texte sind ermutigend und verständnisvoll, die Melodien gehen ins Ohr.
CD 52 07212
Liederheft 52 57212

Kontakt für Konzerte, Lesungen und Vorträge: Heiko.braeuning@t-online.de

CD-Cards mit Liedern zu vielen Anlässen und Themen.

Einen vollständigen Prospekt gibt es beim cap-Verlag.

cap-music • 72221 Haiterbach-Beihingen • Tel.: 07456-9393-0 • info@cap-music.de
www.cap-music.de

Stunde des Höchsten

DER FERNSEHGOTTESDIENST AUF BIBEL TV

WÖCHENTLICH
Der wöchentliche TV-Gottesdienst der Zieglerschen aus der Kapelle auf dem Höchsten, mit herrlichem Panorama auf den Bodensee und die Alpen.

GEBÄRDENSPRACHE
Der erste TV-Gottesdienst, der wöchentlich inkl. der Musik in Deutsche Gebärdensprache (DGS) übersetzt wird.

MATERIALIEN
Wir bieten umfangreiche Materialien für Gemeinden, Hauskreise, Andachten und Besuchsdienste, sowie Booklets und eine eigene CD-Edition.

SO ERREICHEN SIE UNS
Telefon: 01805 135 000*
E-Mail: post@stunde-des-hoechsten.de

*14 Cent/Minute aus dem deutschen Festnetz, Mobilfunkpreise können abweichen

SPENDENKONTO: STUNDE DES HÖCHSTEN, EKK KASSEL
KONTO 135 135, BLZ 520 604 10, IBAN: DE 48 5206 0410 0000 1351 35, BIC: GENODEF1EK1

www.stunde-des-hoechsten.de